KB187262

홀덤

알면이길수있다

이윤희의 포커 아카데미 시리즈

홀덤 알면 이길 수 있다

1판 1쇄 발행 2021년 2월 10일
지은이 이윤희

펴낸이 정태욱 | **펴낸곳** 여백출판사
출판등록 2019년 11월 25일 제 2019-000265호
주소 서울시 성동구 한림말길 53, 4층 [04735]
전화 02-798-2368 | 팩스 02-6442-2296
이메일 iyeo100@hanmail.net

ISBN 979-11-90946-06-3 03690

이윤희의 포커 아카데미 시리즈

홀덤

알면이길수있다

텍사스홀덤

초이스 • 베팅편

여백

| 차례 |

『'포커, 알면 이길 수 있다』를 처음 펴낸 지 벌써 20년이 지났다. 그 사이 『포커, 알면 이길 수 있다』 시리즈와 『바둑이, 알면 이길 수 있다』, 그리고 포커소설 『꾼』등을 통해 변함없이 보내주신 독자 여러분들의 분에 넘치는 사랑과 관심에 다시 한 번 진심으로 고개 숙여 감사드린다.

이미 오래전부터 전 세계적으로 홀덤의 인기가 폭발적으로 증가하며 최근 들어서는 우리나라에서도 홀덤의 인기가 가파르게 급상승하고 있다.

그래서 여러분들이 홀덤게임을 제대로 이해하고, 조금이라도 더 좋은 성적을 거두기를 바라는 소망에서 반드시 알고 있어야 할 홀덤게임의 모든 것을 여러분들에게 알려드리고자 한다.

모든 포커 게임이 그렇듯, 홀덤게임 역시 상대들의 스타일과 서로간의 감정상태, 베팅위치, 자금 상황 등등을 감안하여, 상대들의 표정, 호흡소리, 눈동자, 손동작 등등 테이블에서 본인만이 직접 감지할 수 있는 현장 분위기에 따라 스스로 모든 결정을 해야 한다.

그렇기 때문에 모든 상황에서 적용되는 완벽한 이론이란 애시 당초 있을 수 없고, 설혹 있다고 하더라도 그 부분은 글이나 말로서 전달될 수 있는 부분이 아니다.

따라서 이 책에서 알려주는 모든 이론은 중급자, 또는 중급자보다 약간 더 수준 높은 정도의 반드시 알고 있어야할 기본 이론에 중점을 두었음을 분명히 밝혀둔다.

그렇기에 수준 높은 고수들이나 편법을 이용하는 플레이어들이라면 다른 의견을 주장할 수도 있으리라 생각한다. 이러한 주장에 대해서는 '사람마다 자기 나름의 운영스타일을 가지고 있다'는 말로 대답을 대신하겠다.

또한 이 책의 모든 이론은 9명의 실전게임, 그리고 약간 타이트한 운영을 기준으로 설명하였음을 미리 알려드린다. 따라서 토너먼트나 5~6명의 숏핸드 게임에서는 이 책에서의 설명보다 승부할 수 있는 범위가 좀 더 넓어질 수 있다는 점을 감안하여 운영에 참고 하시라고 말씀드린다.

앞서 언급했듯이 이 책의 모든 이론은 중급자들의 필수적인 운영 요령을 기준으로 한 것이기에 어느 곳에 가서라도 승리할 수 있는 최고 수준의 실력자로 만들어 드리지는 못할 것이다.

그리고 실제로도 한권의 책으로 여러분을 최고 실력자로 만들어 주는 것은 불가능하다. 홀덤이 한권의 책으로 일류 고수가 될 수 있을 정도로 쉬운 게임이 결코 아니기 때문이다. 그렇기에 중급 이후부터는 실전 경험을 겪으며 자신만의 승부감각이나 마음가짐, 현장 상황에 따른 임기응변 등등을 갖추어가며 본인 스스로가 일류 고수로 가는 길을 찾아갈 수밖에 없다.

하지만 여러분을 최고 수준의 고수로 만들어 드리지는 못해도 적어도 어디를 가든 여러분의 몸 하나는 스스로 지킬 수 있을 정도의 실력을 갖출 수 있도록 만들어 드릴 수는 있다고 약속한다. 아울러 여러분들이 대한민국, 더 나아가 라스베이거스나 마카오에서 최고 수준의 실력자가 되기 위해서도 이 책의 이론은 반드시 숙지하고 있어야할 절대 절명의 기본 사항들임을 명심해야 한다.

이 책의 모든 이론들은 필자가 현장에서 직접 게임을 하며 보고, 듣고, 겪었던 모든 경험들을 바탕으로 만들어진 유례가 없는 생생한 이론들이라 자부한다.

따라서 여러분들은 이 책을 읽어나가며 계속해서 고개를 끄덕이며 될 것이며, 끊임없이 감탄하게 될 것이다.

모쪼록 이 책이 여러분의 실력 향상에 큰 도움이 되어 항상 테이블에서 웃으며 일어날 수 있는 실력자가 되기를 바라며, 또 그렇게 되리라 확신한다.

여러분의 건투를 빈다.

2021년 2월
이윤희

대한민국에서
포커게임을 가장 잘하는 사람

포커뿐만이 아니라 어떤 종목에서든 아무리 고수라도 자기보다 더 강한 상대와 만나게 되면 이기기 어렵다. 그리고 반대로 아무리 하수라도 자기보다 더 약한 상대를 만나게 되면 이길 수 있다. 따라서 대한민국에서 포커게임을 가장 잘하는 사람은 바로 '자기보다 약한 사람과 게임을 하는 사람'이다.

너무도 당연한 이야기다. 그런데 수많은 하수들이 이런 생각을 하지 않는다. 아니 어쩌면 이런 생각을 하는 자체를 수치스럽고 부끄럽게 생각하고 있는지도 모른다. 다시 말해 '치사하다', '쪽팔린다', '자존심이 있지' 등등과 같은 말을 입에 올리며 자기보다 약한 상대를 찾아 게임하는 것 자체를 다소 비겁한, 하기 싫은 행동으로 받아들이는 경향을 가지고 있다는 것이다.

물론 상대가 강하든 약하든 가리지 않는 것은 본인의 선택이다.

그러나 이때 중요한 건 좋은 성적을 내고 테이블에서 웃으며 일어날 수 있어야 한다는 점이다. 돈을 잃기 위해 포커게임을 하는 사람은 없기 때문이다.

그렇기에 만약 여러분이 테이블에서 웃으며 일어나지 못한다면 그때는 여러분이 신경 써야 할 목표는 이기고 웃으면서 일어날 수 있는 결과를 만드는 것뿐이다. 즉, 이기고 일어나는 것 한 가지만이 지상 최대의 목표가 되어야 한다는 뜻이다.

그런데 수많은 하수들이 게임 테이블에서 하염없이 눈물을 흘리면서도 너무 많은 걸 챙기려 하고, 너무 많은 것에 신경 쓰고 있다. 게임 결과에 마이너스가 된다는 것을 뻔히 알고 있으면서도 말이다.

하수들은 타이트한 운영을 하고 싶어도 상대들이 콧구멍을 판다며 핀잔을 줄까 봐 쓸데없는 눈치를 보며 스스로 망설이고, '포플(양방)인데 어떻게 죽어? 메이드로 죽으려면 카드를 치지 말아야지'라는 식으로 자존심을 챙기고, 분쟁이 생겼을 때 매너를 지키려 하고, 더욱 중요한 건 자신의 실력을 모른 채 상대를 가리지 않으니 나쁜 성적을 내는 것은 어찌 보면 당연한 일이기도 하다.

필자의 오랜 경험에 의하면 게임에서 좋은 성적을 올리지 못하면서도 상대의 기분에 신경 쓴다든지, 본인의 자존심, 매너 등을 챙기려 하는 하수들이 의외로 너무도 많았다. 물론 기본적으로 지켜야 할 매너라면 당연히 지켜야겠지만 규정된 룰 내에서는 승리를 위해 조금은 매너를 버려야 할 경우도 얼마든지 있을 수 있다.

앞서도 언급했듯이 상대의 기분이나, 자존심, 매너 등을 챙기려는 것은 게임 결과에 나쁜 영향을 줄 수밖에 없다. 그렇기에 그런 것들은 테이블에 앉는 순간 바로 잊어버려야 할 단어들이다. 물론 좋은 성적을 거둘 수 있을 때라면 상대의 기분, 본인의 자존심, 좋은 매너 등을 생각해도 좋다. 그때는 다음의 취직을 감안해서 상대들에게 좋은 인상을 보여주는 것이 필요하기 때문이다.

'돈은 좀 잃어도 상관없다'는 마음가짐으로 포커를 즐기는 것이 아닌 한, 어느 누구라도 일단 이기는 것이 첫 번째 목표임은 당연하다. 그랬을 때 이기기 위해서는 포커 실력을 포함해서 조금 전에 언급했던 마음가짐들, 그 이외에도 여러 가지 요소가 필요하다.

그러나 포커를 즐기는 수많은 하수들이 이러한 모든 조건들을 갖추기는 쉽지 않다. 특히 기술적인 부분이나 앞에서 언급하지 않았던 여러 가지 조건 등은 게임을 경험해가면서 배우고 터득하게 되는 부분이기 때문이다.

그렇다면 모든 조건을 갖추지 못한 하수들이 포커 테이블에서 선택할 수 있는 방법은 무엇일까? 그것은 아주 간단하다.

돈으로 막든지, 포커를 그만두든지, 아니면 자신보다 더 약한 상대를 찾아 게임을 하는 것이다. 그리고 이것은 비단 하수에게만 국한된 이야기가 아니다. 어느 정도의 실력을 갖춘 중급자, 그리고 고수에게도 예외 없이 적용된다는 사실을 절대로 명심해야 한다. 아마추어 일류 바둑 고수가 프로기사를 만나면 어떻게 되겠는가? 일분일초라도 빨리 도망가는 것만이 살길이다. 상대를 잘못 만난 것이다.

만약 여러분이 자신보다 약한 상대와 게임을 할 수만 있다면 여러분의 앞길은 무지개색으로 빛날 것이다.

그런데 많은 사람들이 '치사하다', '쪽팔린다', '자존심이 있지' 등등과 같은 말을 입에 올리며 약한 상대를 찾아 게임하는 것을 탐탁해하지 않는다. 그러나 이런 마음가짐이야말로 험한 포커 세계에서 살아남기 위해서는 가장 먼저 버려야 할 마음가짐 제1번이다.

본인보다 강한 상대와 게임하여 지는 것은 당당한 것이고, 약한 상대와 게임하여 이기는 것은 치사하다는 것은 도대체 어디서 나온 논리인가?

어떤 종류의 경쟁에서든 필연적으로 고수와 하수가 있을 수밖에 없다는 것은 진리 중의 진리이며, 그 경쟁에서 이기는 고수를 치사하다거나 비겁하다고 생각하는 사람은 아무도 없다. 그렇다면 굳이 여러분도 하수의 입장에서 어려운 승부를 해야 할 이유가 없지 않겠는가?

물론 하수들 중에는 상대가 본인보다 하수인지, 고수인지 구별이 안 되기에 하수를 골라 게임을 하고 싶어도 못하는 사람도 있으리라.

특히 포커는 다른 종목들처럼 실력을 나타내는 어떠한 등급이나 표시가 없기에 상대의 실력을 예측하기가 어려운 것이 사실이다.

그렇다면 상대가 자기보다 강한지 약한지는 어떻게 구별해야 할까?

포커는 실력을 나타내는 어떠한 등급이나 표시도 없지만, 의외로 상대의 실력을 판단하는 것은 그다지 어렵지 않다.

게임을 시작하고 나서 1~2시간이 지나도록 여러분이 밥이라고 생각하는 상대를 찾지 못하면 그 테이블에선 바로 여러분이 밥이 된 것이라고 받아들여야 한다. 즉, 여러분이 가장 하수라는 뜻이다. 다시 말해 대한민국의 어느 포커 테이블에서든 내가 상대를 밥으로 보지 못하는 순간 상대가 나를 밥으로 본다는 것이다.

포커는 실력의 차이에 의해 잔인할 만큼 정확하게 결과가 나오는 게임이다. 그래서 포커에서는 실력 차이가 큰 사람들을 함께 게임하게 하는 건 '치수 구라'라 하여, 사기도박이라고까지 표현할 정도다.

이처럼 포커게임에는 너무도 준엄하게 실력 차이가 존재하는데도 항상 패배하는 수많은 하수들이 실력 차이를 논하지 않는다. 그리고는 그저 불운만을 탓하고 있으니 안타까울 뿐이다.

부디 여러분들은 고수를 만나 괴롭고 어려운 게임을 하지 말고, 하수를 만나 편안하고 쉬운 게임을 즐기는 현명한 갬블러, 즉 대한민국에서 포커게임을 가장 잘하는 사람이 되기를 바란다.

홀덤(Hold'em)이란?

1장

홀덤

Texas Hold'em

홀덤 게임이란?

　최근 들어 텍사스 홀덤(이후 '홀덤'으로 표현)의 인기가 급상승하고 있지만, 아직 우리나라에서는 세븐오디와 로우바둑이 게임이 가장 성행하고 있는 포커게임이라고 할 수 있다. 그런데 세븐오디와 로우바둑이 게임이 홀덤보다 더 성행하고 있는 나라는 지구상에서 우리나라가 유일하다.

　세계 모든 나라에서 <포커 =홀덤>이 된 것이 이미 오래전이라고 해도 과언이 아닐 것이다. 이처럼 홀덤이 우리나라를 제외한 전 세계에서 포커의 아이콘이 된 이유는 누가 뭐라 해도 재미있기 때문이다. 그리고 이와 함께 홀덤의 인기가 급상승하게 된 이유가 몇 가지 있다.

첫 번째로 2001년 소형 카메라가 개발되어 TV 중계 때 플레이어들의 핸드 카드를 시청자들이 알 수 있게 되며 포커 TV 중계의 시청률이 급속하게 올라가며 홀덤 인구와 관심이 폭발적으로 증가했다.

두 번째로 2003년 순수 아마추어 포커마니아인 크리스 머니메이커(미국)가 인터넷 예선을 통해 세계에서 가장 큰 포커대회인 WSOP(World Series Of Poker)에 참가, 우승을 차지하는 만화 같은 상황이 연출되며 세계 아마추어 포커마니아들에게 "나도 할 수 있어."라는 가능성과 자신감을 심어 주며 홀덤의 인기가 더욱더 가파르게 상승하였다.

특히 WSOP, WPT(World Poker Tour)와 같은 큰 대회의 참가자들은 사회 유명 인사, 스포츠 스타, 할리우드 스타 등이 즐비할 정도로 서양에서는 이미 포커가 두뇌 스포츠 게임으로 확고하게 자리잡았으며, 대회 입상자들은 할리우드 스타와 같은 대접을 받고 있다. 또한 남녀를 불문하고 전 연령에 걸쳐 인기를 얻고 있으며, 여성 갬블러들도 만만치 않은 실력과 성적을 과시하고 있다.

현재로시는 <포커=도박>으로 준엄하게 매도되고 있는 우리나라 정서에서는 아직 이해하기 어려운 현상이지만 최근 포커가 두뇌 스포츠로 급속히 자리잡아가고 있으므로 조만간 우리나라에서도 포커챔피언이 헐리웃 스타와 같은 대우를 받는 날이 오리라 기대하고 또 확신한다.

 **진행방식 및 룰**

    홀덤은 자신의 카드 2장과 바닥에 오픈된 5장의 카드를 조합하여 가장높은 족보를 가진 사람이 이기는 게임이다. 족보는 세븐오디 게임에서의 족보와 동일하다.

● 핸드 카드(Hand Card) : 2장 - 본인의 카드(Hand, Pocket Card, Hall Card 라고도 표현)

● 커뮤니티 카드(Community Card) : 5장(모든 플레이어가 공유하는 카드)

(Flop) 3장 ⇨	(Turn) 1장 ⇨	(River) 1장

얼리포지션 (Early Position)	① 스몰 블라인드(SB : Small Blind) ② 빅 블라인드(BB : Big Blind) ③ 언더 더 건(UTG : Under The Gun)
미들포지션 (Middle Position)	④ +1 ⑤ +2 ⑥ +3 ⑦ 로우 잭(LJ : Lo Jack)
레잇포지션 (Late Position)	⑧ 하이 잭(HJ : Hi Jack) ⑨ 컷 오프(CO : Cut Off) ⑩ 딜러 버튼(BTN : Dealer Button)

- 최근엔 9명의 게임이 거의 정착되었으며 이때는 LJ를 뺀다.
- 6명의 게임도 최근 증가하는 추세이다.

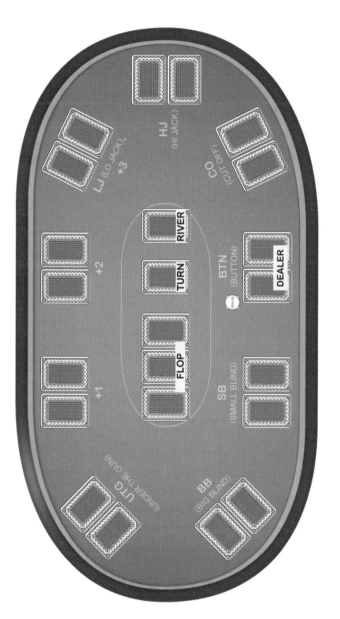

포지션 명칭

21

게임 진행 순서

① 2장씩의 핸드카드를 나누어줌

(핸드카드를 나누어준 상황을 프리플럽(Pre Flop=Before Flop)이라고 표현)

② 첫 번째 베팅

③ 플럽(Flop) ⇐ 카드 3장 오픈

④ 두 번째 베팅

⑤ 턴(Turn) ⇐ 카드 1장 오픈

⑥ 세 번째 베팅

⑦ 리버(River) ⇐ 카드 1장 오픈

⑧ 네 번째(마지막) 베팅

⑨ 패 오픈 ⇐ 승패 결정

족보 (세븐 오디와 동일)

ⓐ 언제든 5장만 비교하며 5장이 똑같을 경우 무승부가 된다. 나머지 2장이나 무늬 등으로 승패를 가리지 않는다.

ⓑ A-2-3-4-5는 스트레이트 중에서 가장 낮다.

베팅 순서

● **프리플럽** ⇨ UTG부터 시작 (시곗바늘 방향), 빅 블라인드
(최종 레이즈 권한)

● **플럽 이후** ⇨ 스몰 블라인드부터 시작 (시곗바늘 방향),
우리나라 포커와 가장 큰 차이

　ⓐ 언제든 콜 레이즈, 체크 레이즈 가능하다.

　ⓑ 커뮤니티 카드 공유 - 2명 이상이 같은 족보 잡을 확률 높다.

　　(예: 바닥에 같은 무늬 4장 - 손에 1장 만 있으면 플러시 된다)

　ⓒ 장고 레이즈, 구찌 등등 모두 정상 룰로 인정

앤티 규정

● **스몰, 빅 블라인드** - 2명만 정해진 금액을 앤티의 개념으로 미리 낸다. 이후 스몰, 빅 블라인드는 시곗바늘 방향으로 1칸씩 돌아간다.
최근에는 블라인드를 기본으로 하고 모두가 앤티를 내는 게임도 간혹 있다.

● **노리미트 게임의 경우** - 1/2게임 ⇨ 스몰=1, 빅=2
　　　　　　　　　　　　　 - 2/5게임 ⇨ 스몰=2, 빅=5

● 리미트 게임의 경우 - 4/8게임 ⇨ 스몰=2, 빅=4 (보통 빅 블라인드 가 작은 리미트)

● 스트래들(Straddle) - UTG의 자리에서 빅블의 2배 금액을 미리 베팅해 놓는 것.
장소에 따라 스트래들 규정 약간씩 차이 있다(노 리미트에서만 사용).
이 경우 UTG가 프리플럽에서 최종 레이즈 권한을 가진다.

베팅 룰

● 노 리미트(No Limit) - 언제든 자신의 앞에 있는 모든 금액을 올인 할 수 있는 룰, 최근 거의 모든 게임에서 이용.

● 리미트(Limit) - 라운드별로 정해진 금액만을 베팅, 레이즈하는 룰.
예) 4/8 리미트 ⇨ 프리플럽, 플럽-4$ 턴, 리버-8$
- 각 라운드당 레이즈 횟수 제한 ⇨ 총 4회(cap) = 베팅 + 레이즈 3회
- 단, 1 : 1 승부일 경우 레이즈 횟수 제한 없다.
- 장소에 따라 간혹 cap을 5회로 제한하는 곳도 있다.
- 15~20년 전 - 전체 테이블 중 30% 정도 차지 (최근 10%이하로 급락).

실전 이론 I

　이 책의 모든 이론은 9명의 실전게임, 약간 타이트한 스타일을 기준으로 설명한다는 것을 미리 밝혀둔다.

　따라서 5~6명의 숏핸드게임이나 토너먼트에서는 승부할 수 있는 범위가 좀더 넓어질 수 있다는 점을 유념하시기 바란다.

2장   실전 이론

 1. 프리플럽(Pre Flop=Before Flop)에서의 운영 요령

편의상 지금부터의 모든 설명은 플러시 드로우(Flush Draw) = '포플', 오픈 앤디드 스트레이트 드로우(Open Ended Straight Draw) = '양방'으로 표현하겠다.

프리플럽(플럽을 퍼기 전)에서의 운영이 홀덤게임의 시작이다. 이때는 자신의 손안에 있는 2장의 카드만을 보고 첫 베팅과 레이즈를 주고받아야 하는 시기다.

따라서 자신의 핸드 카드가 빅페어, 미들페어, 스몰페어냐, 또는 빅카드 2장, 슈티드 커넥터, 커넥터냐 등등에 따라 자신의 포지션, 자금 상황, 플레이어 수, 상대들의 스타일 등등 모든 것을 감안하여 플레이를 시작해야 한다.

그랬을 때 어떤 핸드 카드(핸드)가 어느 정도까지 프리플럽에서 승부가 가능한지는 조금만 시간이 지나면 모든 분들이 쉽게 알 수 있으리라 생각한다.

물론 이때 자신의 스타일에 따라 승부하는 핸드의 폭을 넓게 가지고 갈 수도, 좁게 가지고 갈 수도 있다. 그리고 이 부분은 258p의 핸드 카드 랭킹을 참고하면 많은 도움이 될 것이나.

홀덤게임에서만 나타나는 특성으로, 서로가 아주 좋은 핸드를 가지고 있을 때는 프리플럽에서 올인 승부가 벌어지는 일도 꽤 자주 볼 수 있는 현상이다. 그리고 이런 현상은 물론 노 리미트 베팅 룰이기에 가능하다.

그리고 프리플럽에서는 큰돈을 들이지 않고 서로 간의 기세 싸움과 힘겨루기를 하며 게임 초기 주도권을 장악하려는 운영이 고수들의 상용 수단이라고 할 수 있다(게임 초기라서 베팅, 레이즈를 해도 큰돈이 안 든다는 의미).

즉, 프리플럽에서는 반드시 아주 좋은 패로만 베팅이나 레이즈를 할 수 있는 것이 아니라는 것이다. 특히 포지션이 좋을 때라면 어느 정도의 패만 가지고도 판을 키워볼 수 있는 것이 사실이다. 하지만 그런 운영은 지금은 생각하지 말고 여러분이 중급 수준을 통과해서 생각해 보라고 말씀드리겠다.

지금 언급했듯이 어느 정도 실력을 갖추게 되면 여러 종류의 핸드를 가지고 프리플럽에서 판을 키우는 운영을 하고 있는데도, 참으로 불가사의 한 점은 거의 모든 플레이어들이 프리플럽에서 누군가 판을 키우면 기계적으로 먼저 빅카드 2장을 예상한다. 그리고 프리플럽에서 3베팅 이상 나오면 많은 사람들이 빅페어(10~A)를 가장 먼저 떠올린다.

물론 그러한 예상이 잘못되었다고 말하는 것은 절대 아니다. 실제로 그 예상이 가장 정답에 근접한 것이라 보아야 하는 것이 사실이다. 그렇지만 많은 사람들이 예상에 그치지 않고 지나치게 확신함으로써 큰 낭패를 보는 경우가 너무도 많으니 유념, 또 유념해야 한다.

그럼 프리프럽에서의 운영 요령 중 가장 중요한 포인트는 무엇일까?

바로 포지션(베팅위치)이 나쁠 때는 가능한 큰 사연을 만들지 말라는 것이다. 판을 키우지 않는 것은 물론, 웬만하면 카드를 던지라는 뜻이다. 지금의 이 말은 여러분들이 홀덤을 그만두지 않는 한 꿈에서도 잊어서는 안 될 절체절명의 준수 사항 제1번이라고 생각해야 한다.

라스베이거스에서는 베팅 위치가 앞이냐, 뒤냐에 따라 자신이 가지고 있는 패의 가치가 30% 이상 차이 난다고 할 정도로 포지션이 앞이냐, 뒤냐에 따라 게임 운영과 결과에 엄청난 영향을 준다는 점을 명심해야 한다.

간략하게 설명했듯이 프리플럽에서의 운영은 초기 기세 싸움, 주도권 싸움, 응수타진, 판 키우기 등등 여러 가지 의미를 가지고 있고, 더욱이 큰돈이 필요하지 않기에 고수가 되기 위해 반드시 알아두어야 할 필수 운영 요령이다.

그랬을 때 빅카드 2장은 무조건 승부하는 카드는 아니라는(특히 위치 앞일 때) 점과 항상 자신의 포지션과 승부의 흐름 등을 잘 감안해서 결정해야 한다는 사실을 우선 전해 드리고, 프리플럽에서 핸드별로 운영하는 요령은 <실전이론Ⅱ ⇨ 프리플럽 운영-어떤 핸드, 어떤 식으로?> 단락에서 상세히 설명드리도록 하겠다.

 ## 2. 탑페어(Top Pair)란 어떤 카드인가?

라스베이거스에서는 세븐 카드 스터드(세븐오디)는 투페어 싸움, 오마하는 드로우 싸움, 홀덤은 탑페어에 키커 싸움이라고 할 정도로 홀덤게임에서 탑페어가 차지하는 비중은 아무리 강조해도 지나치지 않는다.

적어도 2~3판에 한판씩은 탑페어와 관련된 승부가 나온다고 해도 무방할 정도이니 우리나라 세븐오디 게임에서 투페어와 비슷한 정도로 큰 비중을 차지하고 있다고 생각해도 좋다.

따라서 여러분이 홀덤게임에서 좋은 성적을 거두기 위해서 가장 먼저 이해하고 극복해야 할 과제가 바로 탑페어라고 해도 절대 과언이 아니다.

탑페어에 대해서는 하고 싶은 이야기가 너무도 많지만 가장 중요하다고 생각되는 부분만 정리해서 말씀드리도록 하겠다.

탑페어는 플럽(턴, 리버)을 오픈했을 때 바닥에서 가장 높은 숫자의 카드와 페어가 되는 것을 의미한다.

<핸드>   <플럽>

탑(K)페어에 키커(Kicker) ⇨ J라고 표현

키커는 페어(또는 투페어, 트리플)가 된 후에 남은 1장의 카드를 의미한다.

세컨(Second)페어 ⇨ 플럽에서 두 번째 숫자의 카드와 페어가 되는 것.

바텀(Bottom)페어 ⇨ 플럽에서 가장 낮은 숫자의 카드와 페어가 되는 것.

플럽을 오픈했을 때 탑페어가 된 경우의 위력은 특별한 상황이 아니면 40~50% 정도의 승산이 있다고 생각하면 크게 틀리지 않는다.

물론 하이 탑페어냐, 로우 탑페어냐에 따라, 또는 키커가 뭐냐, 몇 명의 게임이냐 등에 따라서 승률 차이가 나는 것은 분명한 사실이지만 보통은 40~50% 정도의 승산을 가지고 있다는 것이다.

이처럼 탑페어는 매력 있는 카드인 만큼 지게 될 경우 어느 정도 이상의 피해를 입을 가능성이 높다. 웬만한 상황에선 죽기 싫어지기 때문이다(이 부분에 대해서는 뒤에서 좀 더 상세히 설명드리겠다).

그러면 플럽에서 탑페어가 되었을 때의 상황에 대해 여러분들이 기본적으로 알고 있어야할 점들과 특징 등에 대해 알아보자.

빅 카드(Big Card), 미들카드(Middle Card)가 탑페어가 되었을 때의 차이

<핸드>　　　　　　　　<플럽>

A, K, Q 등의 빅 카드가 탑 페어가 되었을 때는 키커가 더욱 중요하다. 플레이어들이 A, K, Q 등 하이카드를 가지고 있을 가능성

이 높기 때문이다.

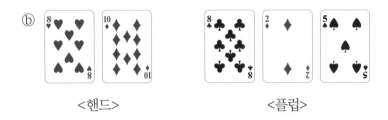

<핸드>   <플럽>

7, 8등 미들 카드가 탑페어가 되면 키커의 중요성이 조금 완화된다. 이때는 탑페어 자체의 의미가 훨씬 더 커진다는 의미(플레이어들이 하이카드를 가지고 참가할 확률 높기에 같이 탑페어를 잡을 확률이 떨어진다는 뜻).

단, ⓑ는 턴, 리버에서 8보다 높은 카드가 오픈되면 신경 쓰이고, 오버페어를 상대가 가지고 있을 확률이 ⓐ에 비해 훨씬 높다.

따라서 ⓑ에서는 승부를 하려면, 플럽이 펴진 후 바로 강하게 승부를 걸어 상대를 최소로 줄이는 운영이 필요하다. 하이카드를 가지고 있을 수 있는 상대를 죽이라는 것이다. 만약 이때 상대가 하이 카드 2장을 들고 콜을 해준다면 땡큐다. 여러분의 승률이 훨씬 더 높기 때문이다. 그 후 턴, 리버에서 오픈되는 카드에 따라 다음 상황을 판단해서 대응하면 된다.

이처럼 플럽에서 탑페어가 되더라도 탑페어가 된 그 카드가 빅카드인지, 미들, 또는 스몰카드인지에 따라 향후 운영상황이 차이가 있다는 점을 유념해야 한다.)

그러면 이번에는 탑페어의 키커 싸움에 대해 알아보자.

예) ①　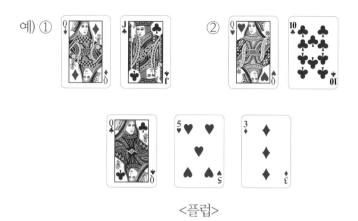

<플럽>

　이와 같은 경우가 ②의 입장에선 지옥의 플럽이다. 가장 불행한 경우라는 것이다.

　역전하려면 턴, 리버에서 오직 10밖에 없기 때문이다(턴, 리버에서 무조건 J는 오픈되지 않아야 한다). = 약 12%(8판 중 1판)

　혹시 하수들은 "이런 상황 얼마나 나온다고…"라며 큰 의미 안 두려 할지도 모르지만 실전에서 매우 자주 발생하는 상황이라는 점을 명심해야 한다.

　그리고 지금의 상황처럼 빅카드가 탑페어가 되고 서로가 괜찮은 키커를 가지고 있을 때는 어느 정도 이상의 승부가 만들어 질 수밖에 없기에 홀덤게임의 가장 중요한 포인트 중 하나이다. 그래서 홀덤을 가리켜 '탑페어에 키커싸움'이라고 하는 것이다.

탑페어를 가지고 있을 때 플럽에서 상대 핸드에 따른 승률

-- 탑페어와 포플의 승부?

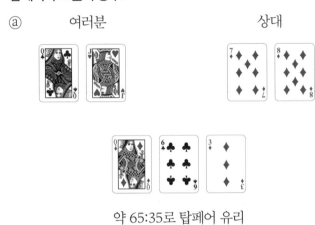

약 65:35로 탑페어 유리

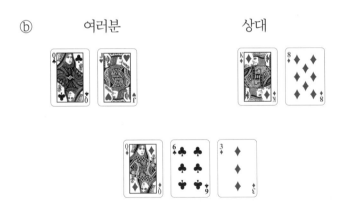

약 55:45로 탑페어 유리--1오버카드

©   여러분   상대

약 45:55로 탑페어 불리--2오버카드

-- 탑페어와 양방의 승부?

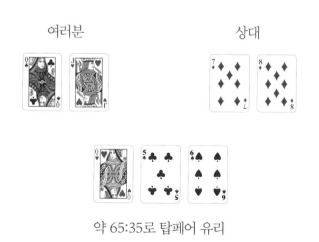

여러분   상대

약 65:35로 탑페어 유리

-- 탑페어와 세컨페어의 승부?-- 바텀페어 동일

약 8:2로 탑페어 유리

-- 탑페어와 낮은 포켓페어의 승부?

약 8:1로 탑페어 유리

-- 탑페어와 오버페어의 승부?

약 2:8로 탑페어 불리

예제를 통해서 보듯이 상대가 오버 페어(또는 그 이상)가 아닌 한 탑 페어의 승률이 아주 좋게 나타난다.

그만큼 탑페어가 매력있는 카드임을 증명하는 것이지만, 패배할 경우도 얼마든지 생길 수 있기에 매력과 위험을 함께 가지고 있는 시한폭탄 같은 면도 가지고 있다는 점을 잊어서는 안된다. 이 부분에 대한 상세한 설명을 뒤에서 다루도록 하겠다. 여러 가지 비교에서 나타나듯이 플럽 오픈 후

① 페어 쪽 승부에서 밀리면 지옥이다(키커 차이, 탑 대 세컨, 탑 대 포켓페어).

② 탑페어와 드로우(양방, 포플)는 서로 승부해 볼만하다.

2가지 사실을 알 수 있다. 그럼 이번에는 실전 예로 좀 더 공부해 보자.

여러분의 핸드가 ♦A-♣J이라면 어떤 플롭을 원하시는지?

2가지 모두 탑페어가 된 상황이다. 여러분은 어느 쪽이 더 마음에 드시는지?

ⓐ, ⓑ 모두 A, J를 핸드로 가지고 있을 경우 가장 쉽게 접할 수 있는 상황이다. 그리고 두 가지 모두 매우 특별한 상황이 안 벌어지는 한 상당이 높은 승률을 가진다고 봐도 무방하다. 하지만 상대들이 투페어나 트리플을 가지고 있는 경우도 제외하더라도 오버페어(ⓐ의 경우 AA, KK, QQ) 또는 A페어에 더 좋은 키커(ⓑ의 경우, AK, AQ)를 가지고 있는 경우도 얼마든지 있기에 그 가치를 한번 살펴보자는 것이다.

장단점

ⓐ

◆장점 : 탑페어에 키커 A ⇨ 최고의 키커

◆단점 : 상대에게 오버페어(Q-Q, K-K) 나오면 지옥.

이때 턴에서 A 또는 J이 오픈될 확률 = 5/47(약11%)

상대 오버페어 아니라도 턴, 리버에서 오버카드(K, Q) 오픈되면
신경 써야함.

ⓑ

◆장점 : 오버페어 없다.

◆단점 : 탑페어(A)에 키커 J-키커 조금 불안(상대에게 탑페어+Q, K
키커 나오면 지옥).

비교에서 보듯 지금은 어느 쪽이 더 좋다고 단정하기 어려울 만큼 2개 모두 아주 좋은 플럽이다. 따라서 프리플럽에서의 베팅 상황, 상대 스타일, 자금 상황 등에 따라 차이 있을 수 있고, 각자의 취향에 따라 차이가 난다.

만약 필자에게 어느 쪽이 더 마음에 드냐고 묻는다면 주저 없이 ⓐ를 선택하겠다.

아주 특별한 상황이 아닌 한, 상대가 K-K, Q-Q 등을 가지고 있을 확률(ⓐ) 보다는 키커에서 밀릴 가능성(ⓑ)이 조금이라도 더 높다고 봐야 하기 때문이다.

특히 하수들일수록 ⓑ에서 A-K, A-Q는 걱정하지만, ⓐ에서 오버페어는 신경을 잘 안 쓰는 실수를 자주 범하므로 유념해야 한다.

즉, 세컨, 바텀 페어일 때는 우선 큰 걱정이 탑페어라서 오버페어까지 신경 쓸 겨를이 별로 없겠지만, 탑페어일 때는 기본적으로 오버페어를 한번 쯤 염두에 두는 것을 습관화하라는 것이다.

그리고 ⓐ든, ⓑ든 아주 험악한 판 분위기가 아니면 모두 승률이 아주 높지만, 만약 험악한 분위기에서 패배하게 되면 엄청난 피해를 입을 수 있다는 점을 잊어서는 안 된다. 이 사실을 망각하면 험하고 험한 홀덤 세계에서 절대로 만수무강할 수 없기 때문이다.

3. 포켓 페어(Pocket Pair)의 운영법

홀덤을 즐기는 거의 모든 플레이어들이 가장 좋아하는 핸드라면 첫째, 포켓페어 둘째, 빅카드 2장 셋째, 슈티드커넥터 일 것이다. 누구나 인정하는 홀덤을 대표하는 핸드이다. 그럼 이 중에서 먼저 포켓 페어의 운영법에 대해 알아보도록 하자.

포켓페어는 크게 ① 빅페어(10, J, Q, K, A), ② 미들페어(6, 7, 8, 9), ③ 스몰페어(2, 3, 4, 5) 정도로 구분할 수 있다.

물론 10을 빅페어로 보든 미들 페어로 보든, 사람마다 약간의 차이가 있을 수 있겠지만 그것은 단지 호칭의 차이일 뿐 큰 의미를 가지는 것은 아니다.

즉, J-J과 10-10, 10-10과 9-9, 또는 6-6과 5-5 등과 같은 경우, 서로 간의 승부라면 천당과 지옥의 차이지만, 다른 상대들과 싸울 때는 그다지 큰 위력의 차이가 없다는 것이다.

그리고 미들과 스몰 포켓페어는 플럽에서 셋이 안 되는 한, 특별한 경우 외엔 큰 힘을 못 쓴다고 봐야 하기에 미들, 스몰 포켓페어는 같이 묶어 설명드리도록 하겠다.

A. 하이포켓(High Pocket = 빅포켓) 페어의 운영법

홀덤을 대표하는 최고의 핸드지만 지게 되면 엄청난 피해를 입는다는 점을 잊어서는 안 된다.

프리플럽에서의 운영 요령

1. A-A(K-K)

프리플럽에서 누군가가 먼저 판을 어느 정도 키웠고, 상대가 많지 않을 때(1~2명, 특히 1명)는 지나치게 판을 더 크게 키워 심한 공포심을 주는 운영을 하지 말고, 약한 모습을 보이면서 플럽이 오픈된 후 오버페어의 입장에서 큰 승부를 만드는 것이 더 효과적일때가 많다(위치가 좋으면 더욱).

물론 프리플럽에서 아무도 판을 키우지 않은 상황이면 어느 정도 판을 키우는 건 당연하다. 또한 상대의 수가 많을 때(3명 이상)는 좀 더 강하게 판을 키워 상대의 수를 줄여야 한다.

이 부분에 대해서는 뒤의 'A-A의 운영법' 단락에서 좀 더 상세히 설명드리겠다.

2. Q-Q (J-J, 10-10)

프리플럽에서 누군가가 먼저 판을 어느 정도 키운 상황이라면 여러 가지 분위기에 따라 좀 더 판을 크게 키우는 운영을 해볼 수도 있고, 콜만 하는 운영도 가능하다.

물론 대부분의 플레이어가 판을 좀 더 크게 키우고 싶은 마음을 가지고 있겠지만, 플럽에서 셋이나 오버페어가 되지 않았을 때 그 이후의 대응을 매끄럽게 할 수 있는 실력을 갖추기 전에는 프리플럽에서 지나치게 판을 키우는 운영은 조심, 또 조심해야 한다. 단, 이 때 Q-Q는 상황과 분위기에 따라 앞의 A-A (K-K)와 같은 운영을 생각할 수도 있다.

♠ 음미해 볼 만한 포커 명언 ♠

자존심과 패배는 가장 친한 친구.
big egos and big losses go hand in hand.

하이포켓 페어를 가지고 있을 때 환상적인 플럽

1. 플럽에서 셋이 되었을 때

하이포켓 페어를 가지고 있을 때 플럽에서 셋이 된 상황이다. 그럼 각각의 플럽이 가지고 있는 특징을 알아보자.

①

--- 세컨셋(오버카드 1장)

②

--- 바텀셋(오버카드 2장-상대 스트레이트 가능성)

③

--- 탑셋(상대 양방 포플 가능성)

④

  --- 탑셋(상대 양방 가능성)

⑤

--- 탑셋(걱정거리 없다)

①의 경우는 세컨셋(오버카드 1장)이 된 것이다. 이때는 누군가 A
를 가지고 있다면 큰 장사가 기대된다. 물론 상대에게서 A 셋이 나
올 가능성을 전혀 배제할 순 없다.

②의 경우는 바텀셋(오버카드 2장)이 된 것이다. 이때도 누군가 A
를 가지고 있다면 큰 장사가 가능하다. 물론 상대에게서 A 또는 Q
셋이 나올 가능성을 전혀 배제할 순 없다. ①과 비교했을 때 플럽
스트레이트가 나올 가능성이 있다.

특히 ②번과 같이 하이카드가 모두 바닥에 오픈 되었을 땐 플럽
스트레이트에 대한 신경을 조금은 써야 한다. 이와 함께 상대에게

서 투페어가 나올 가능성도 어느 정도 기대할 수 있으며 이때는 매우 좋은 찬스이다(누구라도 하이 카드 2장을 가지고 승부에 참여할 가능성이 조금이라도 높기 때문).

③의 경우는 탑셋이지만 포플과 양방에 신경을 써야 할 플럽이다.

④의 경우는 탑셋이고, 양방에 대한 걱정만 약간하면 된다.

⑤의 경우는 아무 걱정거리가 거의 없는 상황이다.

지금의 비교에서 볼 때 승률만을 생각한다면 누가 보든 단연 ⑤의 경우가 최고다. 그러나 승률 못지않게 중요한 것이 얼마나 효과적인 소득을 만들어 낼 수 있느냐는 부분이다. 플럽셋(특히 빅카드)이란 홀덤게임의 꽃이라 할 정도로 가장 환상적인 찬스이기 때문에 누구라도 단순한 승리보다는 큰 성과를 원하는 것은 당연하다.

♠ 음미해 볼 만한 포커 명언 ♠

최고의 전략은 기다림.

Perseverance is the best strategy.

---

2. 플럽에서 오버 페어가 되었을 때

하이포켓 페어를 가지고 있을 때 플럽에서 오버페어가 된 상황이다. 그럼 각각의 플럽이 가지고 있는 특징을 알아보자.

--- 셋, 투페어만 신경

--- 셋, 투페어, 포플, 양방(3-4, 4-7, 7-8)

--- 셋, 투페어, 양방

--- 포플

--- 트리플

①의 경우는 가장 기분 좋은 오버페어의 플럽 중 하나이다. 셋이나 투페어만 신경 쓰면 된다. 물론 프리플럽에서의 베팅, 레이즈 상황에 따라 A-A, K-K도 조금은 신경 써야 한다.

②의 경우는 셋이나 투페어는 물론, 포플과 양방에도 약간 신경을 써야 한다. 하지만 지금 같은 경우는 양방이라고 생각하더라도 여러 종류가 나올 수 있기에(3-4, 4-7, 7-8) 그때그때의 베팅 상황과 분위기에 따라 판단해야 한다.

③의 경우는 앞의 ②처럼 양방에 신경 써야 하고, 이때는 상대가

양방이 되려면 손에 4-5를 가지고 있는 경우밖에 없기에 턴이나 리버에 2또는 7이 오픈되는 것에만 주의를 하면 된다. 이때 2보다 7이 좀 더 기분 나쁘다. 7은 10과도 또 연결이 되기 때문이다. 즉, 7이 오픈되면 손에 8-9를 가지고 있어도 스트레이트가 된다는 것이다.

④의 경우는 당연히 포플에 대한 주의가 필요하다.

⑤의 경우는 상대가 7을 가지고 있을지도 모른다는 부분에 신경을 곤두세워야 한다

지금의 ①~⑤의 경우를 보면 어찌 됐든 상대가 셋(⑤번에선 트리플)이나 투페어만 아니면 이기고 있는 상황이다(특별한 경우엔 A-A, K-K도 포함). 그렇기에 플럽에서 오버페어가 된다는 것은 매우 좋은 찬스라고 봐야 한다. 하지만 좋은 찬스라는 것은, 만약 패배할 경우 필연적으로 큰 피해를 따른다는 사실을 잊어서는 안 된다.

♠ 음미해 볼 만한 포커 명언 ♠

좋은 승부를 거는 것은 좋은 기회를 아는 것이다.
Good gambling is good timing.

하이포켓 페어를 가지고 있을 때 기분 나쁜 플럽

하이포켓을 가지고 있을 때 신경 쓰이는 플럽(기분 나쁜 플럽)은 어떤 것일까?

모든 사람이 가장 싫어하는 플럽은

첫째, 본인은 셋이 되지 않고, 오버카드가 오픈되는 것이다. 즉, K-K을 가지고 있을 때 A가 오픈되는 것, 그리고 Q-Q를 가지고 있을 때 A나 K이 오픈되는 것이다. 이렇게 되면 승패를 떠나 이기더라도 큰 승리를 하기가 매우 어려워지기 때문이다. 이 사실은 홀덤을 즐기는 사람들이라면 모두가 똑같이 느끼고 있으리라.

둘째, 바닥에 페어가 오픈되는 것도 별로 즐겁지 않은 플럽이다. 어찌 됐든 상대에게서 트리플이 나올 가능성이 그만큼 높아지기 때문이다.

특히 하이페어가 오픈되면 기분이 좀 더 나빠진다. 대부분의 플레이어가 하이카드를 손안에 가지고 있을 가능성이 조금이라도 더 높기 때문이다. 따라서 여러분이 A-A(K-K)를 가지고 있는데 플럽이 5-J-J, 7-Q-Q와 같은 스타일로 오픈되면 기분이 나쁘다는 뜻이다.

셋째, 스트레이트나 플러시 같은 드로우 쪽의 플럽이다. 물론 플럽이 기분 나쁘게 오픈되었다고 해서 지나치게 위축될 필요는 없다. 그저 방심하지 말고 보통 때보다는 좀 더 주의를 요하고 신중하게 운영해야 한다는 정도로 받아들이면 된다.

포켓 하이페어는 홀덤을 대표하는 최고의 핸드이다. 그렇기에 홀덤을 즐기는 사람이라면 누구라도 포켓 하이페어를 가장 희망할 것이 분명하다. 하지만 포켓 하이페어도 큰 단점을 가지고 있다는 사실을 잊어서는 안 된다. 그렇다면 과연 그 단점은 무엇일까? 그것은 플럽에 오버카드가 떨어지는 싫는 흰 던지기 싫은 핸드이기에 만약 패배하는 경우가 생기면 큰 피해를 입을 가능성이 매우 높다는 점이다.

이 부분에 대해 실전 상황을 통해 간단히 알아보자.
프리플럽에서 여러분이 판을 키웠고 상대 2명이 따라왔다. 총 3명 승부이고 여러분의 포지션은 가장 앞이다.

<여러분 핸드>   <플럽>

대략 이런 플럽에서 여러분이 베팅하자 상대가 레이즈를 해왔다면 이때 여러분은 어떻게 하시겠는지? 물론 주변 상황에 대한 아무런 추가 설명 없이 이런 질문을 하는 것은 넌센스다. 하지만 주변의 모든 분위기를 상세히 설명을 한다 해도 어차피 정답을 찾기는 매우 어려운 상황이다.

가장 먼저 상대가 어떤 카드를 가지고 있을지 예측해 보면 예상 가능한 상대 핸드는(공갈이 아니라는 가정하에) 포플, 양방, 투페어, 셋, A-A, A-Q, K-Q, Q-J, Q-10

대략 이 정도로 압축할 수 있다. 즉 상대가 투페어나 셋, A-A면 매우 어려운 승부이고, 상대가 A-Q, K-Q(탑페어 + 좋은 키커) 등이라면 아주 즐거운 승부다. 그리고 상대가 포플, 양방 등이라면 여러분이 상당히 유리한 승부라 할 수 있는 상황이다.

그렇기에 이때의 대응은 상대 스타일과 자금 상황, 그때그때의 현장 분위기에 따라 여러분이 콜을 하든, 리레이즈를 하든, 죽든, 어떤 선택도 할 수 있다. 즉, 상대의 스타일과 여러 가지 정황상 상대가 셋이나 투페어로 느껴지면 죽을 수도 있다는 것이다(물론 플럽에서 바로 죽기는 싫다).

아무튼 이런 분위기에서 여러분은 콜을 하였다. 그리고 턴이 오픈 된 후(턴에선 그리 특별하지 않은 카드가 떨어졌다), 여러분은 체크를 하였는데,

상대가 베팅을 하지 않으면 - 리버에 특별한 카드가 아닌 한 여러분이 거의 이기는 승부라고 볼 수 있다.

상대가 턴에서도 계속 베팅하면 - 이때는 상대가 초일류 고수나 아주 하수가 아닌 한 일단 포플, 양방이 나올 가능성은 적어지고, Q-J, Q-10 , …과 같은 핸드로는 베팅을 주지할 경우도 적지 이니 발생한디는 점을 명심히고시 대응해야 한디.

물론 스타일에 따라 포플, 양방, Q-J, Q-10 등으로 턴에서도 계속 베팅하는 사람도 있겠지만 어찌 됐든 플럽에서 레이즈를 맞았을 때보다는 훨씬 큰 주의가 필요하다.

그래서 턴에서도 상대에게 계속 베팅이 나온다면 상대가 공갈을 시도한 게 아닌 한(이때는 포플, 양방은 거의 공갈로 봐야 한다), 여러분이 이길 시나리오는 A-Q, K-Q 정도밖에 없다고 받아들여야 한다(상대 스타일에 따라 Q-J, Q-10 까지는 나올 수도 있겠지만).

따라서 여러분이 턴에서 베팅을 맞았을 때가 중요한 선택의 기로라고 할 수 있다.

즉, 상대를 포플, 양방, 탑페어 또는 공갈 등으로 판단하면 승부할 수 있고, 셋이나 투페어, A-A로 보면 죽어야 한다는 것이다.

그리고 이 선택은 오직 여러분의 몫이다. 어느 누구도 정답을 알 수 없기에 현장에서 여러분의 승부 감각으로 대응해야 한다.

그런데 최종 선택을 결정하기 전에 한 가지 여러분이 명심해야 할 점은, 턴에서 안 죽으면 그것은 바로 리버까지 승부를 하겠다는 의미로 이어지는 것이기에 패배했을 때 큰 피해를 입을 각오를 해야 한다는 사실이다(물론 이기면 그에 상응하는 대가를 얻는 것도 당연하다).

그럼 이번엔 약간 다른 경우를 살펴보자.

프리플럽에서 상대방(S)이 판을 키웠고 여러분 포함 3명이 콜. 총 4명승부이고 여러분의 포지션은 뒤에서 2번째다.

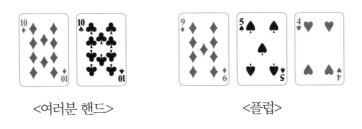

<여러분 핸드>   <플럽>

플럽이 펴진 후 S가 베팅을 하고 나왔고 두 번째 집은 폴드 하였다. 여러분은 여기서 어떻게 하시겠는지?

◆ 콜 : 박력 부족인 것 같고 뭔가 조금 떫은 기분 든다.

◆ 레이즈 : 턴에서 J이상 오픈되면 머리 아파지기에 일단 응수타진하고 싶다.

이처럼 포지션도 좋으므로 레이즈를 하고 싶은 기분을 느끼는 분들이 훨씬 더 많으리라 생각한다. 그래서 여러분이 레이즈를 하자 뒷집은 폴드를 했는데 S가 리레이즈를 해오는 것이었다.

여러분은 여기서 어떻게 해야 할까? 이때는 S가 공갈이 아닌 한 여러분이 이기는 시나리오는 S의 손에서 9-A, 9-K, 양방 등이 나오길 바라는 것 외에는 없다. 그러나 S의 베팅 위치가 나쁘기에 특별한 경우가 아니라면 9-A, 9-K, 양방 등으로는 리레이즈를 하기가 어렵다고 봐야 한다. 여러분이 매우, 상당히, 몹시 괴로운 상황이라는 것이다.

단, 이때 여러분이나 S, 둘 중 한 사람이 돈이 조금밖에 없는 경우라면 S입장에서 얼마든지 리레이즈로 승부를 걸어올 수 있고, 또 그럴 가능성이 높은 것이 사실이다.

그렇기에 상대의 스타일, 자금상황 등 모든 면을 잘 감안해서 여러분 스스로 현명한 결단을 내려야 한다. 좀 전에도 언급했듯이 어느 누구도 그 결정을 대신해 줄 수 없기에 최종 결정은 항상 테이블에 앉아 있는 여러분의 몫이다. 그 결정에 따른 모든 결과를 감수하는 것 또한 오직 여러분이기 때문이다.

지금까지 포켓 하이페어에 대해 여러 가지 설명을 했는데 가장 중요한 포인트는 '최고의 핸드인 만큼 패배하는 경우 중상을 당할 확률이 매우 높다.'는 점이다.

즉, 웬만한 상황에선 던지기 싫은 핸드라는 점이 포켓 하이페어가 가지고 있는 많은 매력 뒤에 숨어 있는 큰 함정이라는 것이다.

미들, 스몰 포켓(Middle, Small Pocket) 페어의 운영법

미들, 스몰 포켓페어는 플럽에서 셋이 될 수 있다는 아주 큰 매력을 가지고 있는 핸드이지만 플럽에서 셋이 안 되고 오버카드가 1~2장 오픈되면 거의 힘을 쓸 수 없다는 점을 잊어서는 안 된다. 그럼 미들, 스몰 포켓페어를 가지고 있을 때의 운영에 대해 알아보자.

① 프리플럽 운영-플럽에서 셋이 안 떨어졌을 때 그 이후에 매끈하게 대응할 수 있는 실력을 갖추기 전엔 가능한 먼저 판 너무 크게 키우려는 생각 버려라.

② 프리플럽에서 상대가 판을 엄청나게 키웠을 경우가 아니면 일단 플럽은 본다. 보통의 경우라면 빅블의 약 10배 정도까지는 무조건 플럽을 보고 싶다(플럽셋=약12%).

③ 프리플럽에서 아무도 판 안 키우면 어느 정도는 판 키우고 싶

다. 베팅 위치 좋을 때라면 더욱. 그러나 중급 이하의 사람은 안 키워도 무방하다.

④ 플럽에서 셋이 안 되고 오버카드가 2장 이상 오픈되면 못 먹었디고 생각헤라(이 경우, 특별한 상황을 제외하곤 턴에 셋이 되기를 기대하지 마라).

⑤ 리버에서 셋을 기대하는 운영은 절대 금물이다. 눈물 마를 날 없다.

♠ 음미해 볼 만한 포커 명언 ♠

포커 게임을 할 때 집에 두고 와야 할 것.
- 자존심(your ego)
- 초조한 마음, 불안감(anxiety)
- 욕심, 탐욕(greed)
- 절박감(desperation)
- 많은 돈(most of your money)

1 좋은 베팅 위치에서 승부해라

- 모든 포커게임에서 제1번 운영 원칙.

- 베팅 위치에 따라 패의 가치 30% 이상 차이 난다.

2 페어 쪽 승부는 플럽에서 결정된다

- 페어 쪽의 카드로 승부할 경우 플럽에서 밀리면 턴, 리버에서 역전하려는 생각을 버려라.

3 드로우는 턴에서 올인하지 않는 핸드

- 드로우는 아직 노페어다. 따라서 뜬 다음에 베팅할 수 있는 상황에서 승부해야 함은 기본 중의 기본이다 (팟오즈 아주 좋을 땐 예외).

4 탑페어를 던질 줄 알아라

- 탑페어는 평범한 판에서는 이기지만 분위기가 험악해지면 지는 핸드다. 이길 때는 작게 먹고 질 때는 큰 피해를 볼 확률이 높다는 것이다.

5 미들 포켓페어 이하는 플럽 셋 아니면 지옥

- 셋 안 되고, 플럽에서 오버카드 2장 이상 오픈되면 못 먹었다고 생각해라. 이때 턴, 리버에서 셋 기대하지 마라(턴, 리버 – 각각 4%).

6 리버는 없다고 생각해라

- 역전하려는 운영하지 마라(특히 베팅위치 앞일 때).

- 뜰 확률 20% 넘는 경우 거의 없다

7 상대를 두려워하지 마라

- 끌려다니고 자기 플레이 못한다.

- 플레이 위축되고 자신의 패 쉽게 읽힌다.

8 빅카드 2장은 시한폭탄 같은 핸드

- 플럽에서 탑페어, 작은 판 = 승리, 큰 판 = 패배.

- 포지션 안 좋을 땐 상황에 따라 프리플럽에서 던질 수 있다.

9 공갈을 잡아내려 하지 마라

- 신 아니다. 누구나 당할 수밖에 없다. 게임의 일부일 뿐.

- 뚜껑 열고 흥분하지 말고 상대 플레이 칭찬해 줘라.

10 상대의 자금 상황과 스타일에 따라 대응해라

- 상대 숏스택, 빅스택이냐에 따라 전혀 다른 게임 하는 것.

- 가장 먼저 승부할 상대의 자금부터 체크해라.

4. 올인베팅(All-In Betting) 의미와 시기

우리나라 포커에서는 전혀 볼 수 없는 큰 차이 중 하나가 바로 올
인 베팅으로 언제든 자기 앞에 있는 모든 금액을 베팅할 수 있는 룰
이다. 따라서 우리나라 포커 마니아들에겐 생소하고 황당하기도 하
다. 그러나 화끈하고 빠른 승부를 좋아하는 우리나라 사람들의 특
성엔 상당히 매력 있는 베팅룰이라고 생각된다.

올인베팅 언제 하는가?

기본적으로 서로 간의 자금 상황에 따라 변수 많지만, 플럽이나
턴에서는 확실하게 이길 자신 있을 땐 거의 모든 플레이어들이 올인
베팅 잘 안 한다(단, 리버에선 가능).

확실하게 이길 자신 있을 땐 누구라도 상대를 데리고 가려 하며,
또 그것이 올바른 운영이라고 할 수 있다. 물론 간혹은 플럽이나 턴
에서도 허허실실의 작전으로 올인을 하거나, 리버에 갑자기 큰 올인
을 하는 경우도 있는 것은 사실이지만 어찌 됐든 흔한 일은 아니라
고 봐야 한다.

그렇기에 플럽, 턴에서 아주 좋은 카드를 가지고 있을 때는 보통
우리나라에서 사용하는 하프베팅과 풀베팅 사이의 금액 정도를 베
팅하는 것이 많이 이용되고 있다고 생각해도 무방하다.

올인베팅의 기본 의도는 무엇인가?

1. 플럽에서

-웬만하면 죽어라. 하지만 들어와도 승부 된다는 정도의 의미.

-강하게 이길 자신 있는데 큰 승부 만들려고 올인하는 경우도 간혹은 있다.

-기싸움이나 뚜껑 열린 상황(허허실실 작전).

2. 턴, 리버에서

-거의 이길 자신 강하게 있을 때 이용한다.

그럼 어떤 상황에서 올인 승부가 자주 나오는지 라운드별로 알아보자.

1. 프리 플럽에서 올인하는 경우

-보통, 프리플럽에서 약간 판 커졌을 때(빅블의 3-4배 정도) 콜한 플레이어 수 많으면(3~4명 정도), 다 죽이고 판돈 챙기려는 의도로 가끔 나온다.

-이때 주로 어떤 카드로 올인 할까? 이런 경우에 자주 나오는 핸드

-A-K(S), K-K, Q-Q, J-J 등.

-본인이 숏스택일 경우에는 A-K(O), A-Q(S), 10-10 정도도 가능할 수 있다.

-A-A는 잘 안 나온다(다 죽을까 봐).

2. 플럽에서 올인하는 경우 (가장 많은 경우)

① 셋 대 스트레이트 메이드(약 35대65), 가장 많은 케이스

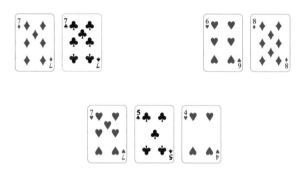

-셋이 먼저 올인

-스트레이트 인정 안 한다. 양방, 포풀, 투페어, 오버페어등 가지고 들어와라.

-최악의 경우 스트레이트 메이드라도 승부 가능하다.

-스트레이트가 먼저 올인

-상대가 스트레이트 인정하지 말고 무조건 들어오길 기대하는 상황.

-포풀이면 죽든지, 다 박고 들어와라.

② 셋 대 플러시 메이드(약 35대65)

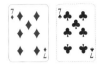

-플러시 메이드가 먼저 올인

특히 여러 명승부 일 때. A, K 포플 죽어라.

-셋, 투페어는 죽어도 좋고, 들어와도 좋다.

-트리플이 먼저 올인

A, K 포플 죽어라. 들어와도 좋다.

-플러시 메이드도 승부할 수 있다.

지금의 ①, ②와 같은 경우가 플럽에서 올인 승부가 가장 빈번하게 만들어진다고 할 수 있다. 지금의 승부는 서로가 물러서기 싫은 상황이기에 둘 중 한 명이 공격적이고 빠른 승부를 선호하는 스타일이라면 올인 승부가 만들어질 가능성이 더욱더 높아진다고 하겠다.

③ 셋 대 양방(약 75대25), 셋이 압도적으로 유리

-이때는 플럽상황상 셋이 먼저 올인 승부 걸지 않는다(상대 죽을까 봐).

-양방 쪽에서 반 공갈의 의미로 올인하는 경우가 더 많다.

④ 셋 대 넛포플(약 75대25), 셋이 압도적으로 유리

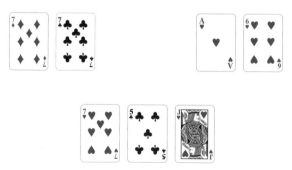

⑤ 오버페어 대 양방(약 65대35)

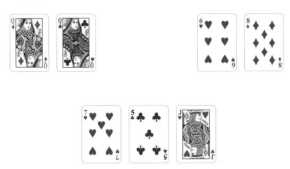

⑥ 오버페어 대 포플(약 60대40)

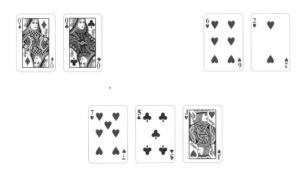

　지금의 ③, ④, ⑤, ⑥과 같은 경우는 서로가 돈이 많을 때는 지고 있는 쪽에서 큰 부담과 위험을 감안해야 하기에 올인 승부가 만들어지기 어렵지만, 둘 중 한 명이 돈이 적을 때는 충분히 올인 승부가 만들어질 수 있다고 하겠다.

⑦ 오버페어 대 넛포플(약 55대45), 1오버카드

-⑤⑥⑦은 대부분 Q-Q가 프리 플럽에서 판 키우고,

-플럽에서 Q-Q베팅-양방(포플)레이즈, Q-Q 리레이즈 올인 -이런식으로 많이 나타난다.

플럽에서 올인했을 때의 승률

① 셋 대 스트레이트 메이드(약 35대 65)

② 셋 대 플러시 메이드(약 35대 65)

③ 셋 대 양방(약 3대 1)

④ 셋 대 포플(약 3대 1)

⑤ 오버페어 대 양방(약 65대 35)

⑥ 오버페어 대 포플(약 60대 40)

⑦ 오버페어 대 넛포플(약 55 대 45)--1오버카드

3. 턴에서 올인하는 경우

기본적으로 플럽에서는 "웬만하면 죽어라. 들어와도 되고…" 식의 올인 베팅이 많지만 턴에서는 이런 의도의 올인 베팅은 그리 많지 않다고 생각해야 한다. 그렇다면 턴에서는 주로 어떤 의도로 올인 베팅을 하는 것일까?

① 이기고 있다고 판단하는 쪽에서 올인 베팅을 해도 상대가 콜하고 따라올 것 같다고 느낄 때

② 보통 자신은 스트레이트나 플러시를 가지고 있는데 상대가 투페어, 트리플 등을 가지고 있다고 느껴질 때.

③ 자신은 탑페어에 키커 좋은데 상대가 포플이나 양방 같은 카드라 느껴질 때.

④ 턴에서 상대가 베팅이나 레이즈를 해왔는데 리버에서도 계속 베팅을 할 것 같고, 어차피 자신은 돈이 그리 많지 않아 리버에서 못 죽는다고 판단할 때 미리 올인한다(보통, 탑페어에 좋은 키커, 오버페어, 투페어, 셋 등을 가지고 있을 때. 양방, 포플은 이런 식의 올인 하지 않는다).

턴에서는 대략 위의 4가지 경우가 올인 승부를 선택하는 일반적인 케이스라고 하겠다.

4. 리버에서 올인하는 경우

이때는 플럽이나 턴에서 올인하는 것과 약간 다르다. 이때는 더 이상 남아 있는 카드가 없기 때문에, "웬만하면 죽어라. 들어와도 좋고."라는 식의 올인은 없다. 상대가 콜 하길 원하든지, 죽는 걸 원하는지 둘 중 하나라는 것이다.

따라서 리버에서는 이긴다고 거의 확신하는 상황에서 '믿어 못 믿어' 식의 약간 공갈 냄새를 풍기면서 "공갈 같지. 못 믿겠으면 콜 해봐~!"라는 의도가 대부분이라는 사실을 명심해야 한다.

그러므로 리버에 올인이 나올 때는 거의 90% 이상 이길 자신이 있는 경우라고 보아야 하며, 아주 간혹 공갈이 있을 수도 있겠지만 가능성은 크지 않다고 생각해야 한다.

이처럼 리버에서 올인이 나오는 것은 대부분 리버에서 스트레이트나 플러시, 풀하우스 같은 카드를 떴을 때 '믿어, 못 믿어' 식의 베팅으로 상대를 자극하는 상황이라고 생각하면 크게 틀리지 않을 것이다. 요약하면

플럽 ⇨ '웬만하면 죽어라. 들어와도 승부되고' - 포플, 양방, 오버페어, 탑페어 + 좋은 키커 등의 경우.

턴 이후 ⇨ '공갈인 듯 보이면서 거의 이길 자신 있을 때' - 여러분이 아주 좋은 카드 아닌 한 어려운 승부.

이런 식으로 올인 승부를 많이 걸어온다는 것이다. 그리고 분명한 사실은

첫째. 플럽에서는 아주 좋은 핸드로는 올인을 잘 안한다.

둘째. 완전 공갈로 올인 베팅을 하는 경우는 드물디.

세째. 올인 승부를 지나치게 즐기는 사람은 거의 대부분 성적이 안 좋은 하수다.

라는 점이다. 따라서 여러분들은 상대 스타일과 그때그때의 게임 상황 등을 확실히 파악할 수 있는 일류 실력자 되기 전에는 절대로 올인 플레이를 즐기지 마시라고 강력하게 말씀드린다.

♠ 음미해 볼 만한 포커 명언 ♠

가장 위험한 것은 상대를 얕보는 것이고,
더 위험한 것은 상대를 두려워하는 것이다.
To underestimate is perilous, to overestimate is deadly.

5. 레이즈를 맞았을 때의 상황 판단법

"레이즈~!"

아주 좋은 패를 가지고 있지 않는 한, 상대로부터 그다지 듣고 싶지 않은 단어다. 아니 듣고 싶지 않은 정도가 아니라 매우 괴로운 단어라는 게 더 정확한 표현 일지도 모른다. 하지만 아무리 싫고 괴로워도 피해 갈 수 없다면 어떻게 해서든 현명한 대응책을 찾아야 한다.

이 부분은 바로 앞의 '올인베팅-의미와 시기' 단락과 기본 맥이 비슷하다고 볼 수 있다. 플럽보다는 턴, 턴보다는 리버에서의 레이즈가 공갈의 가능성이 적어지고 더 무서워진다는 뜻이다. 즉, 뒤로 갈수록 레이즈를 맞는 것이 훨씬 더 무섭고 괴로운 상황이 된다는 것이다. 그럼 상황에 따른 차이점을 알아보자.

① 플럽에서 레이즈를 맞았을 때

이때는 카드가 2장(턴, 리버)이나 남아 있기에 상대가 포플, 양방 등으로도 얼마든지 레이즈를 해올 수 있다. 그리고 상대의 베팅 위치가 좋다면 더욱 그럴 가능성이 높다. 따라서 이때는 상대가 탑페어, 투페어, 셋(또는 플럽 메이드), 양방, 포플, 공갈 등 모든 상황이 나올 가능성이 있다. 하지만 아무리 그렇더라도 기본적으로는 양방, 포플, 공갈 등의 가능성은 그리 높지 않다고 보는 게 안전한 운영이고, 올바른 마음가짐이라고 하겠다.

--여러분 베팅위치=앞

　지금 같은 상황에서 여러분이 베팅을 하고 나갔는데 상대에게서 레이즈가 나왔다면 이때는 상대에게서 무슨 종류의 카드든 다 나올 수 있다. 즉, 탑페어, 투페어, 셋, 양방, 포플, 공갈 등등 무엇이든 가능하다는 것이다.

　따라서 이때는 상대의 스타일과 자금 상황, 분위기 등을 잘 감안하여 본인이 결정해야 한다. 단, 이때 여러분이 반드시 명심해야 할 부분은 여기서 콜을 하고 승부를 하면 여러분은 끝까지 죽기가 싫어진다는 점이다.

　다시 말해지게 될 경우 큰 피해가 예상된다는 것이다. 물론 턴이나 리버에 하트나 스트레이트와 관련 있는 카드가 떨어져 여러분이 승부를 포기하는 경우도 있겠지만 이것은 장단점이 같이 있는 운영임을 명심해야 한다(이 부분에 대한 상세한 설명은 너무 길어지므로 추후에 다시 기회를 만들어 알려드리도록 하겠다).

② 턴에서 레이즈를 맞았을 때

이때는 카드가 1장밖에 안 남아 있기에 상대가 포플, 양방 등으로 레이즈를 하기가 만만치 않다. 상대의 베팅 위치가 나쁘면 더욱더 어렵다. 따라서 이때는 상대가 투페어나 셋, 메이드 등 좋은 카드가 나올 가능성이 매우 높다고 봐야 한다.

단, 상대의 베팅 위치가 좋을 때는 리버에서 칼자루를 잡기 위한 운영으로 아주 확실하게 이길 자신이 있지 않은 경우(예: 탑페어에 좋은 키커)라도 건드려본다는 의미의 레이즈가 나올 가능성이 있다는 점도 간과해선 안 된다.

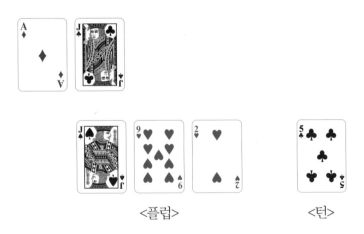

<플럽>   <턴>

--여러분 베팅위치=앞

지금 같은 상황에서 여러분이 베팅을 하고 나갔는데 상대에게서 레이즈가 나왔다면 이때는 상대에게서 포플, 양방 등이 나올 가능성은 매우 적다고 생각해야 한다. 포플, 양방 등이라면 플럽에서 레이즈를 하는 건 몰라도, 플럽에서 콜만 하고 턴에서 레이즈를 하는 경우는 매우 가능성이 낮다는 것이다. 그렇기에 지금은 상내가 공갈을 시도한 게 아니라면 셋이나 투페어를 매우 걱정해야 한다.

물론 이때 상대가 A-J, K-J, Q-J(이하 J+굿키커) 등을 가지고 레이즈를 해왔을 수도 있겠지만 'J+굿키커'라면 플럽에서 레이즈를 하는 것이 보통이기에 특별한 경우가 아니면 가능성이 그다지 높지 않다고 볼 수 있다(단, 상대가 베팅 위치가 좋으므로 리버에서 칼자루를 잡을 의도로 레이즈 할 수도 있는 것은 사실이다).

따라서 이때는 상대의 스타일과 자금 상황, 분위기 등을 잘 감안하여 본인이 잘 선택해야겠지만, 상대가 'J+굿키커'를 가지고 레이즈를 할 스타일이냐를 잘 감안하여 신중하게 선택해야 한다. 즉, 상대가 공갈을 시도한 게 아니라면 상대가 'J+굿키커'를 가지고 있는 것이 아니면 여러분이 이길 수 있는 시나리오가 거의 없기 때문이다.

③ 리버에서 레이즈를 맞았을 때

이때는 모든 상황이 종료된 것이므로 상대의 의도는 공갈이거나, 확실히 이길 자신이 있을 때-이 2가지 경우밖에 없다. 그렇기에 상대의 스타일과 분위기를 감안해 잘 대응해야 한다.

그러나 실전 심리상 리버에선 공갈 잘 안 나오므로 레이즈 맞는 순간, 여러분이 한 번 더 리레이즈를 생각할 정도의 아주 좋은 패를 가지고 있지 않는 한, 어려운 승부라고 생각하는 것이 올바른 판단일 경우가 대부분임을 명심해야 한다.

♠ 음미해 볼 만한 포커 명언 ♠

포커 게임을 할 때 가지고 있어야 할 것.
- 포커 지식(knowledge)
- 원칙(discipline)
- 자신감(self confidence)
- 감각(instint)
- 약간의 돈(a little money)

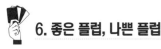

6. 좋은 플럽, 나쁜 플럽

홀덤을 즐기는 사람이라면 좋은 플럽이 떨어지길 바라지 않는 사람은 없으리라. 하지만 보기에는 그럴듯해 보이지만 실제로는 즐거움이 별로 없는 그런 플럽이 의외로 있다는 점을 잊어서는 안 된다. 즉, 얼굴은 그럴듯한데 턴에서 바라는 카드가 와도 별로 개운하지 않고 찝찝한 그런 플럽이다.

또한 그 반대로 여러분들이 그리 큰 점수를 주는데 인색하지만 실제로 여러분들에게 큰 행운을 가져다줄 가능성이 높은 그런 플럽도 있다.

그럼 어떤 플럽이 그런 것인지 예를 들어 알아보도록 하자.

A. 나쁜 플럽 – 그럴듯해 보이나 실제로 큰 즐거움이 없는 플럽

 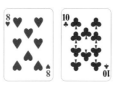

-7, J --- 모두 큰 즐거움 없다.

-6 --- 그나마 다행이지만, 상대도 7이 있을 수 있다(상대-7-J,

J-Q-지옥).

　-8 --- 괜찮지만, 베팅 심해지면 상대 스트레이트 메이드 어느 정도는 신경 써야(약 4%).

　-6, 7 --- 좋지만 불안, 찜찜.

　-8 --- 괜찮지만, 베팅 심해지면 스트레이트 메이드 어느 정도는 신경 써야(약 4%).

　-Q --- 큰 즐거움 없다. 메이드 되었지만 매우 불안.

　-7 --- 괜찮지만, 상대도 8 있을 수 있다(8-Q, Q-K-지옥).

-8, Q --- 큰 즐거움 없다. 셋 또는 메이드 되었지만 매우 불안.

-7 --- 괜찮지만, 상대도 8 있을 수 있다(8-Q, Q-K-지옥).

몇 가지 예를 보면 알 수 있듯이 결론은 턴, 리버에서 원하는 카드 왔을 때 바닥을 미리 예측해 보는 것을 습관화하여 대응을 선택해야 한다는 것이다.

그러나 게임에서 매일 패하는 하수들은 원하는 카드가 오픈되었을 때의 바닥 상황을 거의 신경쓰지 않고 그저 본인의 족보가 되는 것만을 생각하면서 해서는 안될 승부를 자초하고 있는 경우가 너무나 많다. 어찌보면 그렇기에 하수에서 탈피하지 못하는 것이겠지만 향후로는 지금의 이야기를 명심, 또 명심해야 한다.

지금까지는 그래도 약간의 즐거움이 있다. 따라서 지금까지는 그래도 나쁜 플럽이라고까지 할 정도는 아니라고 할 수도 있다. 그렇다면 약간의 즐거움마저도 없는 더 지옥의 플럽은 어떤 것일까?

기대할게 거의 없는 플럽

ⓐ

--9와도 불안, 찝찝.

ⓑ

--8, 9 어느 것도 불안, 찝찝.

매우 우울한 플럽

ⓐ

--오버카드 2장 이상.

--오직 10 --- 확률.(턴=4%, 리버=4%)

--상대 A 또는 J 있으면 진다.

--거의 A, K 동시에 떨어진 것과 비슷한 수준의 지옥 플럽.

B. 좋은 플럽 – 큰 행운을 줄 가능성 많은 플럽

여러분은 가장 좋은 플럽이 어떤 플럽이라고 생각하시는지? 플럽 메이드일까? 셋일까? 아니면 탑투페어일까? 상황에 따라 약간의 차이는 있겠지만 메이드, 셋, 탑투페어가 거의 모든 플레이어들이 바라는 플럽일 것이 분명하다.

그러나 이보다 더 좋은 플럽이 있으니 그것은 바로 돈을 많이 따게 해 줄 수 있는 플럽이다. 그렇지 않겠는가? 홀덤게임은 높은 족보를 잡는다고 무조건 큰돈을 얻을 수 있는 게임이 아니기에 높은 족보보다 우선하는 것이 큰 장사를 할 수 있는 플럽이라는 것에 아무도 이의를 제기하지 않으리라. 그럼 많은 돈을 딸 수 있는 플럽이란 과연 어떤 것인지 예를 들어 알아보자.

여러분의 핸드가 ⓐ라면 여러분은 어떤 플럽이 오픈되기를 바라시겠는가?

당연히 풀하우스, 트리플, 투페어, 스트레이트 등의 플럽이 오픈

되기를 바라겠지만 그것은 어려운 가능성이다. 그렇다면 아래 그림
과 같은 플럽은 마음에 드시는지?

1. 플럽(다8-클9-하2)
스트레이트년 무소선 닛 + 오버 카드 2장(이 성우 상내 탑베어먼 승
률 거의 5:5)

대부분 '괜찮은 플럽'이라고 생각하는 정도일 뿐, 아주 좋은 플럽
이라고 생각하는 사람은 그리 많지 않을 것이다. 얼마나 많은 매력
과 장점을 가지고 있는지를 모르고 있기 때문이다. 지금과 같은 플
럽은 좀 전에 언급했던 풀하우스, 트리플, 투페어, 스트레이트 등 여
러분이 최고로 생각하는 플럽에 못지않은 많은 가치와 가능성을 가
지고 있다고 하면 지나친 억지일까?

1번 플럽의 가치를 간략하게 요약하면

① 스트레이트가 되면 (7, Q) 무조건 닛 - 메이드 가능성(턴+리버=약 32%).

② 턴에서 메이드가 안 되면 상황에 따라 던질 수 있다 - 부담 없다.

③ 턴에서 10, J이 오픈되면 탑페어 - 상황에 따라 승부 가능.

이러한 3가지 매력을 가지고 있다. 특히 ①의 상황이 되면 거의 큰 잭팟을 기대할 수 있다.

이렇게 얘기하면 '그래도 노페어고 아직은 가능성뿐인데 풀하우스, 트리플, 투페어, 스트레이트 등과 비교하는 건 지나치다'며 가치를 인정하는데 인색한 사람들도 분명 있을 것이고 이러한 주장은 틀림없는 사실이다. 하지만 여기서 여러분이 간과해서는 안 될 아주 중요한 포인트가 있다.

1번의 플럽은 풀하우스, 트리플, 투페어, 스트레이트처럼 완전히 완성되어 있는 것은 아니지만, 많은 가능성과 부가가치를 가지고 있으며, 또한 턴 이후엔 상황에 따라 언제든 버릴 수 있다는 점이다. 큰 피해 없이 많은 가능성을 기대해 볼 수 있다는 이야기다. 즉, 운영하기 편안하다는 것이다.

그렇기에 1번의 플럽이 풀하우스, 스트레이트, 투페어 등의 플럽보다 좋다고 주장하는 것은 결코 아니다. 그리고 실제로도 더 좋다는 것은 언어도단이다.

단지 1번과 같은 플럽이 여러분에게 큰 피해 없이 잭팟을 만들어 줄 매력을 가진 대단히 훌륭한 플럽이라는 사실을 일깨워 주려는 것뿐이다. 즉, 하수들이 그다지 높게 평가하지 않는 1번과 같은 플럽이 흙 속에 묻혀있는 진주라는 것이다.

- 넛 포플+오버 카드 2장(이 경우 상대 탑페어면 승률 거의 55:45유리) -

ⓑ와 같은 플럽도 바로 앞의 ⓐ와 거의 같은 의미의 아주 매력 있는 플럽이다.

그렇다면 ⓐ와 ⓑ, 과연 어느 쪽이 더 좋은 플럽일까?

ⓐ와 ⓑ 모두 상당히 매력 있는 플럽이기에 여러 가지 면을 감안했을 때 거의 비슷한 위력을 가지고 있다고 봐야 한다. 우선 각각의 장단점을 간단히 비교해 보자.

ⓐ **장점** : 스트레이트 메이드 되면 무조건 넛.

메이드 돼도 바닥에서 표시 안 난다(큰 승리 가능).

오버카드 2장.

　단점 : 상대 포켓 하이페어면 탑페어 되어도 불안.

ⓑ **장점** : 플러시 메이드 되면 무조건 넛.

상대가 같이 플러시 잡을 확률 높다(큰 승리 가능).

오버카드 2장 - 특히 A탑페어 되면 최고.

단점 : 메이드 되면 바닥에 드러난다(장사에 악영향).

ⓑ의 장점 중에서 '상대가 같이 플러시 잡을 확률 높다'는 것은 무슨 의미인가?

'ⓑ가 그렇다면 ⓐ에서 상대가 같이 스트레이트 잡을 가능성도 똑같은 거 아니냐?'라며 의문을 제기할 분이 있을지 모르지만 그것은 약간 다르다.

쉽게 설명하면 포플이라면 거의 모든 플레이어가 잘 안 죽으려 하지만, ⓐ에서는 상대가 만약 5-6, 6-10 같은 핸드(턴에서 7이 오면 스트레이트가 된다)라면 플럽, 또는 턴에서의 베팅 상황에 따라 죽을 가능성이 충분히 있다는 뜻이다.

즉, 포플은 잘 안 죽지만 빵꾸는 플럽, 턴에서 죽는 상황이 나올 가능성이 훨씬 높기에 같이 스트레이트를 잡을 확률이 그만큼 떨어진다는 것이다.

여러 가지 장단점을 비교해 보았을 때 여러분은 어느 쪽이 더 좋으신지?

ⓐ와 ⓑ 모두 상당히 매력 있는 플럽이라는 점에는 이견이 없지

만, 한쪽을 선택하라면 필자는 ⓐ가 더 좋다고 말하고 싶다.

ⓑ는 메이드가 되는 순간 바닥에 필연적으로 같은 무늬 3장이 되며 어느 정도 경계 대상이 될 수밖에 없기에 큰 장사를 하는데 장애가 되기 때문이다.

홀덤을 즐기는 누구라도 바닥에 같은 무늬가 3장 오픈되면 가장 먼저 '플러시 아니야?'라며 경계하지만, 스트레이트 쪽으로 3장이 오픈된다고 하여 그때부터 바로 스트레이트를 신경 쓰고 경계하는 사람은 거의 없다는 것이다.

ⓒ

빅페어를 가지고 있을 때는 그림처럼 오버카드가 오픈되지 않고 플러시, 스트레이트 쪽의 가능성이 없을 때가 최고의 상황이다. 셋이 되는 건 너무도 환상이지만 그 부분은 앞의 '포켓 페어의 운영법' 단락을 참고하시기 바란다.

지금까지 보기엔 그럴듯해 보이지만 실속 없는 플럽과 가치를 잘 못 느끼고 있지만 여러분에게 좋은 선물을 해 줄만한 플럽에 대해 알아보았다. 간략하게 정리하면 핸드별로 매력 있는 플럽은

하이 카드 2장 일 때 - 탑페어, 양방 모두 좋다(단, 큰 승부 걸리면 탑페어는 불안).

미들 카드 2장 일 때 - 탑페어보다 양방 기대한다(특히 9명 실전 게임일 경우).

이 정도로 생각하면 될 것이다.

앞서도 언급했지만 지금의 나쁜 플럽, 좋은 플럽의 예들을 참고하여 여러분들은 이제부터 턴, 리버에서 원하는 카드가 왔을 때의 바닥 상황을 미리 예측해 보고 플럽(또는 턴)에서 어떻게 대응할지 결정하는 것을 습관화하기 바란다.

♠ **음미해 볼 만한 포커 명언** ♠

진정한 승자는 패배와 협상할 줄 아는 사람.

A winner is someone who knows how to deal with losing.

7. 리버(River)에서 무조건 죽어야할 상황

리버에선 공갈이 잘 안 나온다-왜?

플럽, 턴에선 베팅이나 레이즈를 맞으면 다음에 또 남아 있는 베팅이 함께 부담이 되어 머리를 짓누른다. 하지만 리버에선 마지막 베팅이므로 한 번만 콜을 하면 끝나는 것이다. 따라서 이때는 '그렇게 좋아?' '그렇게 자신 있어.'라는 식의 오기와 '그렇게 잘 맞았으면 먹어라, 패나 한번 보자.'라는 식의 약간은 감정적 콜이 나올 가능성이 높기 때문이다.

그리고 공갈을 시도하는 사람의 입장에서도 플럽, 턴에서는 상대가 따라와도 턴, 리버에서 작은 가능성이라도 비빌 언덕에 기대고 위안할 수 있지만, 리버에선 아무 기댈 언덕이 없다. 따라서 이런 여러 가지 이유로 특별한 경우가 아닌 한 리버에서는 대부분 공갈을 주저하게 된다. 그렇기에 리버에서는 레이즈를 맞는 순간 완벽한 패가 아니면 거의 졌다고 생각해야 한다(레이즈를 맞았을 때의 상황 판단 법-참고).

고수들은 자신이 미리 베팅하고 나갔다가도 레이즈 맞으면 좋은 패로도 죽는 경우가 많다. 좋은 패를 가지고도 어려운 승부라 판단되면 미꾸라지처럼 잘 빠져나간다는 뜻이다.

하지만 하수들은 자신이 미리 베팅하고 나갔다가 레이즈를 맞으면 거의 안 죽는다.

첫째, 자신의 패가 좋아서 베팅한 것이기에

둘째, 그때까지 들어간 돈이 아까워서

이 2가지 이유로 하수들은 좀처럼 패를 던지지 않는다. 하지만 이런 생각을 버리지 않는 한 영원히 승자가 되기 어렵다는 사실을 명심해야 한다.

그럼 리버에서 베팅했다가 레이즈를 맞으면 죽어야 할 상황을 실전 상황을 예로 들어 알아보자.

<CASE 1>

-프리플럽-레이즈 없음-5명승부-여러분 포지션=가장 앞

　　　　　　　　　　<플럽>　　　　　　　<턴>　　　　　<리버>

-플럽-여러분 베팅-상대 2명 콜

-턴-여러분 베팅-상대 2명 콜

-리버-여러분 베팅-상대 1명 폴드, 1명 레이즈

이런 상황이라면 여러분은 어떻게 하시겠는지?

매우 대단히 기분 나쁜 상황이다. 그런데 대부분의 하수들은 "셋인데 뭐가 겁나. 죽는다는 건 있을 수 없는 일"

이라며 거의 안 죽으려 한다. 콜은 물론이고 심한 경우에는 리레이즈까지도 생각할 정도다. 그러나 막상 패를 오픈하면 만만한 승부가 아니라는 사실을 이제는 깨닫고 인정해야 한다. 상대도 바보가 아니고 돈을 보태주기 위해 게임을 하는 게 아닌 한, 그리고 공갈이 아닌 한, 리버에서 레이즈를 한다는 것은 무조건 최소 Q 트리플을 인정하고, 무섭지 않다는 뜻이기 때문이다.

그런데 앞의 상황에서 리버가 아니라 턴에서 레이즈를 맞았을 땐 어떻게 해야 할까?

이때는 바로 죽을 수는 없지만 아주 즐거운 상황은 아니다.

ⓐ Q 트리플 인정하고 레이즈 한 것.

ⓑ 상대가 위치 좋으니 리버에 칼자루 잡기 위한 것(여러분이 이기고 있는 상황).

ⓒ 리버에 풀하우스 기대하는 건 금물.

ⓐ 여기서 콜 하면 끝까지 못 죽는다.

이런 부분들을 감안하여 상대 스타일과 분위기에 따라 본인이 선택해야 하지만 특별 상황이 아닌 한 턴에서 레이즈를 맞더라도 죽기 싫고, 죽을 수 없다고 하겠다.

<CASE 2>

--프리플럽-레이즈 없음-4명승부-포지션=가장 앞

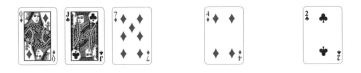

-플럽-여러분 베팅-상대 2명 콜

-턴-여러분 베팅-상대 2명 콜

-리버-여러분 베팅-상대 1명 폴드, 1명 레이즈

여러분이라면 어떻게 하시겠는지?

지금도 매우 기분 나쁜 상황이다. 바닥에 ◆ 3장을 보고도 레이즈를 한 것이기에 플러시를 어느 정도 인정하고 있다고 봐야 하기 때문이다. 특히 지금과 같은 경우는 턴에서 콜만 하고 리버에서 레이즈를 해온 것이기에 더욱 더 기분이 나쁜 상황이다.

그렇다면 지금 상황에서 리버가 아니라 턴에서 레이즈 맞았을 땐 어떻게 해야 할까?

이때는 상대 스타일과 게임 분위기에 따라 즐겁다고도 할 수 있고, 괴롭다고도 할 수 있는 상황이다. 죽을 수는 없고 어떤 식으로 승부해야 할지 신중하게 잘 판단해야 한다.

ⓐ 상대가 ◆A를 가지고 승부를 걸어오는 경우.

ⓑ 상대가 셋, 탑투페어 등을 가지고 승부를 걸어오는 경우.

ⓒ 리버에 ◆ 1장 더 오픈되면 지옥.

ⓓ 상대가 더 높은 플러시를 가지고 있을 경우.

ⓔ 여기서 콜 하면 끝까지 못 죽는다(리버에 다이아 떨어지면 죽을 수 있다).

ⓐ- ⓔ까지의 상황을 염두에 두소서, 지금은 바로 리레이즈 하고 승부할 수도 있지만 서로 돈이 많을 때 자제해야 한다. 서로 돈이 많을 땐 지나친 모험이고 여러분의 베팅 위치도 나쁘다. 이런 상황에서 만약 여러분이 레이즈2를 했는데

- 상대가 레이즈3이면 무조건 진 승부다.

- 상대가 콜만 해도 여러분의 베팅 위치 앞이기에 몹시 찝찝한 상황이다.

상대가 베팅위치 좋으니 턴에서 콜만 하고 데리고 간 것일 수도 있기에, 리버에서 계속 베팅을 하고 나가야 하는지 체크를 해야 할 지 여러분의 운영이 만만치 않다는 뜻이다.

\<CASE 3\>

--프리플럽(여러분 판키움-빅블4배)

-3명 콜-4명승부-포지션=가장 앞

-플럽-여러분 베팅-상대 1명 콜

-턴-여러분 베팅-상대 콜

-리버에서 여러분 베팅 – 상대 레이즈(단, 리버에선 여러분이 체크할 수도 있다)

여러분이라면 어떻게 하시겠는지?

하수들은 이런 상황에서 잘 안 죽으려 하고, 또 죽으면 큰일 난다고까지 생각하고 있지만, 상대를 공갈로 보지 않는 한 무조건 진 승부라고 생각해야 한다.

여러분이 이기려면 상내에서 10-K, 10-Q, 9-9, 8-8 등이 나와야 하는데, 이런 카드는 플럽이나 턴에서라면 몰라도 리버에서는 레이즈를 하기가 어렵기 때문이다. 따라서 상대를 공갈로 보지 않는 한 패를 던지고 다음 기회를 기다려야 한다.

지금의 <CASE 3>에서 리버가 아니라 턴에서 레이즈 맞았을 땐 어떻게?

이때는 바로 죽기는 싫지만 기분 나쁜 상황은 분명하다. 하지만 상대가 위치 좋으니 리버에 칼자루 잡기 위해 레이즈를 한 것일 가능성도 생각해 볼 수 있기에 상대 스타일과 분위기에 따라 여러분이 잘 판단해서 대응해야 한다.

그리고 턴에서 콜을 하면 특별한 상황이 아닌 한, 리버에서도 끝까지 콜을 해야 하기에 서로간의 큰 승부가 된다는 점도 간과해서는 안 된다.

지금까지 몇 가지 실전 예를 들어 설명했듯이 리버에서의 레이즈는 거의 공갈이 없다는 점을 명심해야 한다. 턴에서는(특히 베팅 위치 좋을 때) 레이즈를 하는 입장에서도 비빌 언덕이 남아 있기에 반공갈성(리버에서 칼자루 잡기, 포플, 양방 등) 레이즈가 나올 가능성이 있다. 하지만 리버에선 공갈이든 진짜 이길 자신이 있든, 이 2가지 밖에 없는데 어찌 됐든 공갈이 나올 가능성이 훨씬 더 적기 때문이다.

따라서 향후로는 리버에서 베팅을 하고 나갔다가 레이즈를 맞으면, 여러분이 리레이즈를 고민할 정도의 아주 좋은 핸드를 가지고 있지 않는 이상, 거의 대부분 이기기 어려운 승부라고 받아들여야한다.

신은 인류와 주사위로 승부하고 싶어 하지만,
진정한 갬블러가 원하는 승부는 노리미트 홀덤이다.
God may play dice with the universe,
but serious gamblers prefer no-limit taxas hold'em.

지금 여러분들에게 말씀드리고자 하는 것은 상황에 따라 완전히 다른 게임을 하는 것이나 마찬가지로 받아들여야 하는 경우가 생각보다 많고, 또 그에 따라 운영이나 대응이 180도 달라져야한다는 것이다. 그런데 거의 모든 하수들이 전혀 신경 쓰지 않고 언제나 한결같이 똑같은 대응으로 일관하기에 성적이 나쁠 수밖에 없다. 그럼 완전히 다른 게임이 되는 경우란 과연 어떤 경우인지 알아보자.

1 상대 스타일에 따라

상대가 람보 스타일이냐, 베트콩스타일이냐에 따라 게임의 분위기가 전혀 바뀌므로 여러분의 대응 역시 완전히 달라져야 한다.

2 자금 상황에 따라

여러분과 승부를 하게 될 상대의 자금 상황이 어떤지 체크하고 그에 따라 대응해야함은 기본 중의 또 기본 의무사항이다.

3 몇 명의 게임이냐에 따라

플레이어의 수가 몇 명이냐에 따라 프리플럽에서 부터 선택 달라져야하고 승부할 수 있는 족보 역시 바뀐다. 닭 잡는데 소 잡는 칼 필요 없다.

4 **상대가 고수냐, 하수냐에 따라**

승부를 거는 방법이 달라져야 하며, 특히 공갈을 시도하거나 체포하려고 할

때 반드시 상대의 실력을 감안하여 대응해야 한다.

5 **서로간의 감정 상태에 따라**

현재 분위기가 어떤 상황인지 즉, 여러분이나 상대 중 누군가가 뚜껑이 열려

있는 상황이라면 그 상황에 적절한 대응을 해야 한다.

6 **베팅위치에 따라**

라스베이거스에서는 베팅위치의 앞이냐, 뒤냐에 따라 패의 가치가 30% 이상

차이가 난다고 할 정도다. 좋은 베팅위치에서 승부하는 운영을 습관화해라.

7 **게임 흐름에 따라**

게임이 잘될 때는 거짓말처럼 패가 척척 달라붙는다. 이런 날은 있는 약속

을 취소하고라도 계속하고, 게임이 꼬이고 안 될 때는 1분1초라도 빨리 자리

에서 일어서라.

8. 플럽에서 포플(Flush Draw)이 되었을 때

홀덤을 즐기는 사람 중에 플럽에서 포플(플러시 드로우)이 되는 걸 좋아하지 않는 사람은 없을 것이다. 그리고 필자의 경험으론 미국 사람들은 우리나라 사람들보다 훨씬 더 포플을 좋아하는 것 같았다. 웬만해선 거의 죽는 일이 없을 정도였다.

그렇다면 모든 플레이어들이 그렇게 좋아하는 포플이 플럽에서 되었을 때 어떻게 운영해야 하는지 알아보도록 하자.

1. 베팅 위치 앞일 때

㉠ 프리플럽 레이즈 있었을 때(상대가 빅블에서 4배로 판 키움 - 총 4명승부)

플럽 오픈 후(여러분 포플)

- (여)체크 – 상대 베팅 – 2명 폴드 (또는 1명 콜, 1명 폴드)

- (여)콜 (레이즈는 무리. 돈 아주 적으면 올인은 가능)

턴에서 메이드 되었을 때

- (여)체크 – 상대 베팅 – 여러분 어떻게?

- (베팅 위치 나쁘므로) 콜은 안 좋다 – 무조건 레이즈 해야 한다.

- 단, 넛플러시라면 상황에 따라 콜만 할 수도 있다.

- 상황에 따라 턴에서 아예 먼저 베팅할 수도 있다.

턴에서 메이드 안 되었을 때

- (여)체크 – 상대 베팅 – 여러분 선택

- 넛드로우(세컨넛) 아니고, 베팅 금액 비싸면 죽고 싶다.

- 넛드로우(세컨넛)면 콜하고 싶지만, 베팅금액 보고 잘 판단해야.

ⓛ **프리플럽 레이즈 없었을 때**(총 4명승부)

플럽 후 오픈 후(여러분 포플) – 여러분 어떻게?

- 먼저 베팅을 해도 좋고 체크 – 콜을 해도 좋다 – 넛드로우는 먼저 베팅하고 싶다

- (여)체크-상대 베팅 – 2명 폴드 – 여러분(콜)

턴 오픈 후 – 여러분 어떻게?

턴에서 메이드 되었을 때 – (여)체크 – 상대 베팅 – 여러분 어떻게?

- 베팅 위치 나빠 콜은 안 좋다(넛이든 아니든 모두 동일).

- 무조건 레이즈하고 큰 승부 노려라. 상대 죽어도 할 수 없다.

- 상황에 따라 턴에서 아예 먼저 베팅하고 나가도 좋다

턴에서 메이드 안 되었을 때 – (여)체크 – 상대 베팅 – 여러분 어떻게?

- 콜하고 싶다(넛, 세컨넛 정도는 무조건 콜)

2. 베팅 위치 뒤일 때

㉠ **프리플럽 레이즈 있었을 때**(상대가 앞에서 4배로 판 키움–총 4명승부)

플럽 후 오픈 후(여러분 포플)

- 상대 베팅 – 2명 폴드 – (여)콜.

턴에서 메이드 되었을 때

- 상대 베팅 – (여)콜(달고가기), 레이즈 둘 다 가능(넛 아니면 레이즈하고 싶다).
- 상대 체크 – (여)무조건 베팅 – 이때 상대 죽을까 봐 체크굿은 절대 안 됨.(작은 돈 이기는 데 도움되지만 큰 장사에 장애)

턴에서 메이드 안 되었을 때

- 상대 베팅 – (여)콜, 폴드 둘 다 가능 – 선택. 넛드로우는 무조건 콜.
- 상대 체크 – (여)보통은 체크하고 싶다. 단, 넛드로우일 경우엔 베팅할 수도 있다(위치 좋다).

㉡ **프리플럽 레이즈 없었을 때**(총 4명승부)

플럽 후 오픈 후 – 상대 체크 – (여)베팅

- 상대 베팅 – 1명 콜 – (여)콜, 레이즈 – 선택(넛드로우면 레이즈 하고 싶다).

턴에서 메이드 되었을 때

- 상대 베팅 – (여)콜, 레이즈 (상황 따라 선택 – 넛 아니면 레이즈 하고 싶다).
- 상대 체크 – (여)베팅

턴에서 메이드 안 되었을 때

- 상대 베팅 – (여)콜(넛이든 아니든 동일)
- 상대 체크 – (여)보통은 콜이든, 베팅이든 상황 따라 선택.

단, 넛드로우일 경우엔 큰 승부 노리고 베팅 하고 싶다(위치 좋다).

　지금까지 플러시드로우(이하 포플)가 오픈되었을 때의 운영요령에 대해 간략하게 설명하였듯이, 포플은 모든 플레이어들이 좋아할 만큼 많은 매력과 가치를 가지고 있는 것이 사실이다. 하지만 메이드가 되기 전엔 가능성만 가지고 있을 뿐, 아직은 노페어라는 점을 잊어서는 안 된다.

　그리고 모든 하수들이 플럽에서 포플이 되면 플러시가 메이드 되는 것을 기정사실로 생각하는 경향이 강하지만 실제로 그 확률은 플럽+턴=35%, 턴에서는 19% 정도에 불과할 뿐이다.

　그렇기에 특별한 경우를 제외하곤 포플, 양방과 같은 드로우 카드는 메이드가 된 다음에 베팅을 할 수 있는 승부를 만들어야 한다. 드로우 상태에선 지고 있고, 뜰 확률은 어렵기에 뜬 이후에 얻을 수 있는 부가가치가 반드시 보장되어야 한다는 뜻이다.

그러나 하수들일수록 '뜰 수 있다'는 너무도 위험한 자신감을 가지고 무모하고 성급한 승부를 주저하지 않는다.

포플만 되면 턴에서 상대가 올인 승부를 걸어와도 (팟오즈는 안중에도 없이) 좀 체로 물러서려 하지 않으니, 도대체 무슨 자신감으로 그러는지 불가사의하다. 필자가 보기엔 그저 '돈이 너무 많아 버리려는 것 같다'는 생각밖에 들지 않는다. 물론 그렇기에 눈물이 마를 날 없고, 하수라는 소리를 듣겠지만.

여러분들은 포커 테이블에 앉아 언제까지 계속 눈물을 흘릴 것인가? 이젠 지겨울 때도 되지 않았는가? 아니면 그렇게 돈이 많은 것인가?

포플, 양방 같은 드로우 카드로 승부를 하는 것은 언제든 역전을 노리는 운영이다. 그리고 원하는 카드가 와서 짜릿한 행복을 느끼는 경우도 얼마든지 있기에 언제든 죽어야 한다는 것은 아니다. 하지만 그 가능성이 높지 않으므로 부가가치가 좋지 않을 때는 그 횟수를 가능한 최소로 줄이라는 것이다.

눈물로 얼룩진 포커 인생에서 벗어나기 위해 이 시간 이후로는 '포플, 양방과 같은 드로우는 절대로 플럽, 턴(특히 턴에서는 더욱더)에서 무리한 승부를 하지 않는 카드'라는 사실을 꿈에서도 잊지 말아야 한다.

적지 않은 사람들이 포플은 매우 좋아하면서도 양방에 대해서는 사랑과 관심을 그다지 가지지 않아 안타깝다. 그러나 양방의 가치와 매력이 결코 포플에 비해 떨어지지 않는다는 사실을 이제는 깨달아야 한다.

물론 메이드가 되었을 때의 위력 차이, 가능성(포플=9장, 양방=8장) 면에서 포플이 좋은 것은 사실이다. 하지만 메이드가 되었을 때의 가치 면에서는 스트레이트가 플러시보다 오히려 높다는 점을 간과해선 안 된다.

플러시는 메이드가 되면 필연적으로 바닥에 같은 무늬가 3장 이상 되어야 하기에 누구라도 일단 신경을 쓰게 되며, 이것은 어찌 됐든 큰 장사에 적지 않은 지장을 준다. 하지만 스트레이트는 3장이 깔려 있어도 아무도 별 신경을 쓰지 않는다. 그리고 실제로도 3장이 깔렸다고 스트레이트에 큰 신경을 써서는 게임을 하기가 어렵다. 스트레이트 성으로 3장이 깔리는 것은 너무도 자주 발생하는 일이기 때문이다.

따라서 베팅이나 레이즈 상황에 의해 '저게 스트레이트란 얘기야?'라는 식의 예상을 할 뿐, 같은 무늬가 3장 깔렸을 때처럼 처음

부터 '저거 스트레이트 아냐?'라는 식의 부담을 주지 않는다는 뜻
이다.

그리고 바로 이런 점이 스트레이트가 플러시보다 훨씬 더 효과적
인 장사로 이어질 가능성이 높은 결정적 이유이다.

그렇기에 고수들은 거의가 포플 못지않게 양방을 좋아하고 사랑
한다. 그렇다면 플럽에서 양방이 되었을 때 어떻게 운영해야 하는
지 알아보도록 하자.

1. 베팅 위치 앞일 때

㉠ **프리플럽 레이즈 있었을 때**(상대가 빅블 4배로 판 키움-총 4명승부)

플럽 오픈 후

- (여)체크 – 상대 베팅 – 2명 폴드(또는 1명 콜, 1명 폴드)
- (여)콜(레이즈는 무리, 모험)

턴에서 메이드 되었을 때

- (여)체크 – 상대 베팅 – 여러분 어떻게?
- (베팅 위치 나쁘므로)콜은 안 좋다 – 무조건 레이즈 해야 한다.

턴에서 메이드 안 되었을 때

- (여)체크 – 상대 베팅 – 여러분 어떻게?
- 죽고 싶다.

- 넛드로우면 콜 하고 싶지만, 베팅금액 보고 잘 판단해야.

Ⓛ **프리플럽 레이즈 없었을 때** (총 4명승부)

플럽 오픈 후 – 여러분 어떻게?

- 먼저 베딩을 해도 좋고 체크 – 콜을 해도 좋다 – 넛드로우는 먼저 베팅 하고 싶다.

- (여)체크 – 상대베팅 – 2명 폴드 – 여러분(콜)

턴에서 메이드 되었을 때 – (여)체크 – 상대 베팅 – 여러분 어떻게?

- 베팅 위치 나빠 콜은 안 좋다 (넛이든 아니든 모두 동일).

- 무조건 레이즈하고 큰 승부 노려라. 상대 죽어도 할 수 없다.

턴에서 메이드 안 되었을 때 – (여)체크 – 상대 베팅 – 선택.

- 넛드로우는 베팅 너무 크지 않으면 콜 하고 싶다.

2. 베팅 위치 뒤일 때

ⓐ **프리플럽 레이즈 있었을 때** (상대가 빅블 4배로 판 키움-총 4명승부)

플럽 오픈 후

- 상대 베팅 – 2명 폴드 (또는 1명 콜, 1명 폴드)

- (여)콜, 레이즈 둘 다 가능 (보통은 콜만 하는 게 정상).

턴에서 메이드 되었을 때

  - 상대 베팅 - (여)콜(달고 가기), 레이즈 둘 다 가능(상대 스타일, 상황 따라).

  - 상대 체크 - (여)베팅 - 이때 상대 죽을까 봐 체크굿은 절대 안 됨.

턴에서 메이드 안 되었을 때

  - 상대 베팅 - (여)콜 또는 폴드(넛드로우아니면 죽고 싶다).

  - 상대 체크 - (여)보통은 체크든, 베팅이든 상황 따라 선택.

Ⓛ 프리플럽 레이즈 없었을 때(총 4명승부)

플럽 오픈 후

  - 상대 체크 - (여)베팅

  - 상대 베팅 - 1명 콜, 1명 폴드 - (여)콜(넛드로우면 레이즈도 가능).

턴에서 메이드 되었을 때

  - 상대 베팅 - (여)콜 또는 레이즈(레이즈 하고 싶다. 단, 넛이면 심한 레이즈 금물)

  - 상대 체크 - (여)베팅

턴에서 메이드 안 되었을 때

  - 상대 베팅 - (여)콜 또는 폴드(큰 베팅 아니면 콜하고 싶다 - 위치 좋다).

- 상대 체크 – (여)보통은 콜이든, 베팅이든 상황 따라 선택.

단, 넛드로우 – 큰 승부 노리고 베팅 하고 싶다(위치 좋다).

지금까지 양방(스트레이트 드로우)이 플럽에서 오픈되었을 경우의 운영 요령에 대해 알아보았다. 앞 단락의 플럽에서 포플이 되었을 때와 비교해보면 거의 대부분의 상황에서 큰 차이가 없다고 생각해도 무방하다. 포플과 양방 모두 드로우 카드이므로 당연한 현상이다.

따라서 앞 단락에서 언급했던 부분은 여기서는 중복 설명하지 않겠으니, 양방의 종합적인 운영과 특징에 대해서는 바로 앞의 '플럽에서 포플이 되었을 때' 단락을 참고하기 바란다.

양방은 포플보다 끗발이 조금 약하고 메이드를 만들 확률도 조금 떨어지는 것이 사실이다(뜰 카드 – 포플=9장, 양방=8장). 하지만 메이드가 될 경우 스트레이트는 바닥으로 거의 표시가 나지 않아, 플러시가 메이드 되었을 때보다 훨씬 더 큰 장사를 할 가능성이 높다는 큰 매력을 가지고 있다는 점을 잊어서는 안 된다.

그리고 포커게임에서 더 큰 장사를 할 수 있다는 가능성이야말로 어떤 것보다도 우선하는 제1번 매력이라는 점을 감안했을 때, 결코 양방이 포플보다 가치가 떨어지지 않는다는 사실을 이제부터는 인정해야 한다. 향후로는 여러분들도 포플만 편애하지 말고 양방에도 사랑을 나누어 주시라는 것이다.

**참고 ----- 양방의 종류

<플럽>

핸드카드   턴에 오픈될 카드

① 8-9   --   5, 10(모두 넛)

② 5-8   --   4(넛), 9(세컨--8-10=넛)

③ 4-5   --   3(넛), 8(써드--9-10=넛, 5-9=세컨)

10. 정석대로 하지 마라

정석을 알고 나서 잊어버려라. 바둑을 두는 사람이라면 이 말을 모르는 사람은 없을 것이다. 정석에 기본을 두어야 하지만, 여러 가지 상황 변화에 따른 본인의 판단과 대응이 더욱 중요하다는 의미이리라.

상대가 정석대로 대응해 오지 않을 수도 있으며, 또 정석이 아닌 편법적인 대응을 하는 것이 훨씬 효과적인 경우도 얼마든지 있기 때문이다.

고정관념적인 정석을 알아두되, 어느 정도 수준에 오른 이후에는 정석에 너무 연연하지 말고, 상황에 따른 최선의 선택을 본인 스스로 찾을 수 있어야 한다. 특히 고수가 되기 위해선 더욱 절대적인 사항이다.

홀덤에서도 이 이야기는 똑같이 적용된다. 여러분들이 초급, 중급 시절에는 이 책에 나와 있는 모든 이론에 충실해야 한다. 하지만 여러분들이 중급자를 넘어서 고수에 대열로 들어서기 위해서는 이 책에 나와 있는 모든 이론을 알아 두되 잊어버리고 현장에서 벌어지는 여러 가지 변화와 상황에 따라 본인이 대응해야 한다는 뜻이다. 그 부분은 글이나 말로서 전달될 수 있는 부분이 아니기 때문이다.

물론 그렇다고 해서 무조건 정석대로 하지 말라는 것은 절대 아니다. 정석대로 해야 할 경우가 더 많은 것이 틀림없는 사실이다. 하지만 상황 변화에 따른 승부 감각으로 대응해야 할 경우에는 이 책에 나와 있는 기본 이론을 참고로 하되 잊어버리고, 여러분 스스로가 최선을 선택을 찾아야 한다는 이야기다.

다시 말해 상대들의 스타일, 그때그때의 판 분위기, 베팅 위치, 자금 상황, 서로 간의 감정 상태, 상대의 눈동자, 숨소리 등등 모든 것을 감안하여 현장에서 스스로 직접 느끼고 대응해야 한다는 것이다.

책의 이론에만 의존해서는 영원히 중급 수준에서 머무를 수밖에 없기 때문이다.

오래전 필자가 라스베이거스 벨라지오에서 게임할 때의 일이다. 2~3시간 정도 평범하게 진행되던 게임이 평소 내가 좋아하는 한국인 딜러가 내 테이블에 앉으면서부터 패가 척척 붙기 시작했다.

그 딜러가 앉자마자 거의 5판 정도를 혼자 계속 독식을 할 정도였다. 그리고 나서 6판째에 빅 블라인드의 위치에 있는데 ♥3-♣9가 들어왔다. 속칭 개 패였다.

언더 더 건에서부터 거의 폴드를 하고 뒤쪽에서 빅 블라인드의 5배로 판을 키웠다. 그러자 전원이 폴드를 하고 필자 혼자 남았는데, 보통 때 같으면 숨도 안 쉬고 패를 던질 상황이었다. 그런데 그 순간 흐름이 너무 좋아

'지금은 완전 내 타임인 거 같은데… 이번에도 가능할까?'

라는 묘한 호기심이 발동했다. 그리고는 말도 안 되는 콜을 했는데……

플럽에서 '◆3-♥Q-◆9'가 오픈되며 투페어가 되었다.

필사-제크, 상대-베팅, 필자-레이즈, 상대-리레이즈, 필자-올인, 상대-잠깐 고민 콜.

상대는 A-A였고, 턴, 리버에 J, 3이 오픈되며 필자가 승리를 하게 되었다.

엄청나게 큰 판은 아니었지만, 이 말도 안 되는 상황에 상대는

"어떻게 그걸로 프리플럽에 레이즈를 맞고 들어오냐?"라며 고개를 절레절레 흔들며 믿을 수 없다는 표정을 지었지만, 흐름을 믿고 무조건 죽어야 할 카드라는 정석을 깬 편법이 절묘하게 통한 것이다.

물론 이런 일이 그리 흔하게 일어나는 일은 결코 아니다. 하지만 흐름이 워낙 좋아서 정석을 벗어나 말도 안 되는 플레이를 하여 멋지게 성공했던 재미있었던 기억이다.

그러면 기본 이론을 무시하고 정석을 버리는 그런 선택은 어떤 경우에, 어떤 상황에서 하는 것인지 알아보자.

◆ 판단 기준
　①자금 상황
　②게임 분위기, 상대 스타일

③ 베팅 위치

④ 승부 흐름, 감각-현장 분위기

물론 애당초 한두 마디로 모든 상황을 설명할 수 없는 것은 너무도 당연하다. 특히 현장에서 직접 느끼는 감각, 호흡은 본인만이 감지할 수 있는 부분(상대의 눈동자, 숨소리, 조그만 동작 등)이고 또 가장 중요한 요소라고 할 수 있다.

즉, 이 부분은 아무도 대신해 줄 수 없기에 아무리 어려워도 본인 몫이다. 본인 스스로 그 방법을 찾을 수밖에 없다는 것이다. 그리고 그 능력이 뛰어날수록 더욱 수준 높은 고수의 자리에 오를 수 있는 것이다.

그럼 실전 예를 들어 알아보자.

--예1--

-- 5-10 게임 --- 9명 게임

프리플럽에서 상대 50으로 - 여러분 50받고 150더

- 상대 리레리즈 올인(150받고 750더) - 여러분은 어떻게?

◆ 이때 상대 핸드 예상

A-A, K-K   - 지옥 --1 : 4

A-K   - 박빙 --55 ; 45

J-J, 10-10   - 승 --4 : 1

상대를 A-A, K-K가 아니라고 본다면 승부해야 한다(이미 들어간 돈도 조금 있다. 약 20%). 그러나 분위기가 심상치 않다. 죽기 싫지만 쉽지 않은 선택이다.

만약 상대가 A-Q(S), A-Q(O), K-Q(S), A-J(S), 이런 핸드로 올인을 해온 것이라면 즐거운 상황이지만 그 가능성은 그리 크지 않다고 봐야 한다.

과연 이럴 땐 어떻게 해야 할까?

어느 누구도 정답을 내릴 수 없는 상황이다. 물론 Q-Q를 던진다는 건 어려운 선택이 분명하지만 이와 같은 상황이라면 '프리플럽에서 Q-Q를 어떻게 던져?'라는 식의 기본 생각은 바로 버려야 한다. 그렇다고 해서 무조건 던져야 한다는 것도 결코 아니다. 그렇기에 상대 스타일, 현장 분위기, 자금 상황 등등 모든 요소를 감안하여 여러분의 승부 감각을 발동시켜 대응해야 한다.

즉, 선택은 오직 여러분의 몫이며, 정석은 이미 아무 의미가 없다는 것이다.

--예2--

--프리플럽에서 상대 레이즈(빅블 5배)
--총 4명 승부-여러분 베팅 위치 3번째

100% 만족은 아니지만 좋은 플럽(오버 페어)이다.

플럽이 펴진 후 프리플럽에서 판을 키웠던 상대가 먼저 베팅(S)을 하고 여러분의 순서다. 여기서 여러분은 어떤 선택을 하겠는가?

- 무조건 레이즈 하고 싶다 (뒤에 2명 있다).
- 만약 콜만 했을 때 턴에서 Q이상 나오면 머리가 많이 아파진다.

여러분은 레이즈 하였고, 뒤의 2명 죽고, S는 콜을 했다.

-턴 오픈 된 후-

S(체그)--여러분(배팅)--S(레이즈) --- 어러분 어떻게-?

지금은 매우 대단히 기분 나쁜 상황이다. 상대의 핸드가 무엇인지 정확히는 몰라도

- 포플, 양방은 거의 아니다 (턴에서 레이즈 할 일 없다 - 베팅 위치도 나쁘다).
- 2페어와 사연? - 가능성 희박 (프리플럽에서 위치 나쁜데도 판 키웠다).

이 두 가지만은 거의 틀림없는 것으로 봐야 한다.

위의 두 가지가 아니라면 이때 예상할 수 있는 상대 핸드는 10-10, 8-8, 2-2, A-A, K-K, Q-Q, A-10, K-10(포플, 양방, 공갈 제외) 정도이다. 그렇다면 지금 상황은 공갈 아닌 한 무조건 플럽에서 여러분을 데리고 간 것이다. 따라서 공갈이 아니면 이길 길은 상대가 A-10, K-10을 가지고 있는 경우 밖에 밖에 없다.

그런데 지금은 A-10, K-10은 아니라고 봐야 한다. 게임을 어느 정도만 해본 플레이어라면 대부분 느끼겠지만, 베팅 위치가 나쁘기에

A-10, K-10을 가지고는 플럽에서 레이즈를 할 수는 있어도, 플럽에서 콜을 한 후 턴에서 체크-레이즈를 하기는 어려운 상황이기 때문이다. 과연 여러분이 J-J이라면 여기서 어떤 선택을 하시겠는지?

만약 상대가 중급 수준의 평범한 플레이어(또는 그 이상) 라면 필자는 죽으라고 강력하게 권하겠다. 이런 진행이라면 죽는 것이 정석이라는 뜻이다. 그러나 이것은 어디까지나 정석적인 대응일 뿐 선택은 여러분의 몫이다. 즉, 상대 스타일, 상대와 여러분의 감정 상태, 자금 상황, 현장 분위기 등등 모든 요소를 감안하여 여러분의 승부 감각을 발동시켜 대응해야 한다. 승패와 그에 따른 모든 결과는 여러분 책임이기 때문이다.

이처럼 기본 정석은 반드시 알아야 하지만 중급 수준이 지나면서부터는 상황에 따라 정석을 잊어버리고 본인 나름의 승부 감각으로 승부해야 한다는 점을 명심해야 한다. 그리고 그것이 고수로 가기위한 절체절명의 필수 요소이다.

하지만 천하 없는 고수라도 승부 감각이 매번 정확할 수 없다는 것은 너무도 당연하다. 여러분은 신이 아니기에 잘못된 선택을 하더라도 그것을 게임의 일부로 생각하고 담담하게 받아들여야 한다는 것이다.

1 프리플럽에서 씩씩하다.

2 베팅위치가 나쁠 때는 큰 승부를 만들지 않는다

3 상대의 스타일과 자금상황에 따라 대응이 달라진다

4 베팅을 하고 나갔다가 레이즈를 맞으면 죽는 경우가 많다

5 끝까지 가서 패를 펴면 거의 이긴다 (2등을 안한다)

6 탑페어로 폴드하는 것을 아까워하지 않는다.

7 리버에서 역전하려 하지 않는다

8 A-A, K-K 으로 프리플럽에서 판 지나치게 안 키우는 경우 많다

9 빅카드 2장 - 상황에 따라 프리플럽에서 던진다

10 위치에 따라 운영 완전히 바뀐다

11. 플럽에 페어가 오픈되었을 때

　하수들은 플럽, 턴, 리버, 어느 시점에 보드에 페어가 되든 큰 의미 차이를 두지 않는다. 하지만 플럽에 페어가 떨어지는 것과 턴, 리버에 페어가 떨어지는 것과는 너무도 큰 차이가 있다는 사실을 명심해야한다. 플럽에 페어가 된 숫자에 훨씬 더 신경을 곤두세워야 한다는 것이다.

　어찌됐든 플럽에서는 참여한 플레이어도 많은 법이기에 누군가가 페어가 된 그 카드를 가지고 있을 가능성이 조금이라도 높기 때문이다.

　단, 플럽에 오픈된 카드 중 탑카드는 턴, 리버에 페어가 되어도 바짝 신경 써야한다. 플럽에서 탑페어가 되면 그것이 아무리 낮은 숫자라 하더라도 거의가 플럽에서는 죽지 않으려 하기 때문이다. 물론 플럽에 오픈된 카드 중 세컨, 바텀 카드가 턴, 리버에 페어가 되어도 신경을 써야하는 건 사실이지만 턴, 리버에 탑카드의 페어가 떨어졌을 때가 훨씬 더 주의를 요한다는 것이다.

　플럽에 페어가 떨어졌을 때, 그 숫자를 가지고 있으면(이때는 트리플이라고 표현-셋이 아님) 매우 즐거운 상황이 분명하다. 그렇다면 중요한 건 효과적인 장사인데, 실속은 얼마나 있을까?

1. 프리플럽에 레이즈가 없었을 때는 트리플이 있어도 큰 승리 쉽지 않다.

플럽에 페어가 떨어지면 모든 플레이어의 초미의 관심사는 페어가 된 숫자를 누가 가지고 있나? 하는 부분이다. 그렇기에 그 숫자가 없는 사람은 큰 힘을 쓰지 못하기에 두 사람이 동시에 그 숫자를 가지고 있지 않는 한 큰 승부가 만들어지기 어렵다는 뜻이다. 즉, 대적할 상대가 없을 가능성이 높다는 것이다.

그렇기에 상대도 같이 트리플을 가지고 있든지, 아니면 상대가 트리플을 겁내지 않는 상황이 되어야 큰 승부가 성립된다고 봐야 한다. 따라서 이런 상황이면 트리플을 가지고 있는 여러분이 이긴다고 장담하기 어렵다는 점을 간과해선 안 된다.

하수들은 트리플을 잡았는데 장사가 신통치 않으면 재수 없다고 투덜거리지만 앞서 말한 이유로 기본적으로는 큰 승리를 얻지 못하는 것이 정상이라고 생각해야 한다.

그리고 막상 큰 승부가 걸리면 승패를 장담하기 어렵고, 만약 큰 승부에서 승리를 거둔다면 그것은 당연한 일이 아니라 가끔 한 번씩 주어지는 행운이라는 사실을 이제는 깨달아야 한다.

2. 프리플럽에서 레이즈가 있었을 때는 트리플이 되면 큰 승리가 가능하다.

이때는 프리플럽에서 이미 판이 어느 정도 커져 있으므로 서로간의 기세싸움, 믿어 못 믿어 등의 상황이 벌어질 가능성이 높기에 누군가가 손안에 빅페어를 가지고 있으면 큰 승부가 만들어질 가능성이 농후하다는 것이다.

플럽에 페어가 깔렸을 때 여러분이 반드시 알고 있어야할 상식적인 사항은, 높은 숫자의 페어가 훨씬 부담스럽고 신경 써야 한다는 점이다(여러분이 그 숫자 없을 때). 대부분의 플레이어가 하이 카드를 가지고 있을 때 게임에 참여할 가능성이 조금이라도 더 높기 때문이다.

그리고 플럽에 페어가 깔렸을 때 상식적으로 알고 있어야 할 중요한 점이 한 가지 더 있다. 그림을 보자

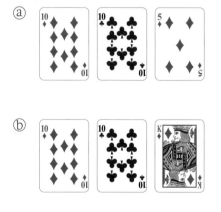

ⓐ와 ⓑ의 차이는 과연 어떤 것일까?

일단 ⓐ와 ⓑ, 두 상황에서 여러분과 상대 모두 10이 없다는 가

정 하에 알아보자.

ⓐ 5를 가지고 있는데 플럽에서 베팅을 안 하면 턴, 리버로 가면서 거의 진다.

- 모두가 10이 없다고 하더라도 턴, 리버에서 5보다 높은 카드가 오픈될 확률 높기에 역전 가능성이 높다는 뜻이다.

ⓑ K를 가지고 있으면 플럽에서 베팅을 안 해도 턴, 리버로 가도 거의 이긴다.

- 모두가 10이 없다면 턴, 리버에서 A만 오픈되지 않으면 역전 될 일 없다. 단, 플러시나 스트레이트 쪽의 가능성은 제외.

지금의 2가지 상식을 이해한다면 플럽에 페어가 오픈되고 트리플을 가지고 있지 않고 투페어가 되었을 때 조금은 현명한 대응을 할 수 있으리라 생각한다.

그럼 플럽에 페어가 깔렸을 때 여러분이 트리플이 되었다면 이때 가장 명심해야할 사항은 과연 무엇일까?

A. 특별한 상황을 제외하고는 상대를 데리고 가려고 노력하지 마라.

B. 리버에서 베팅했는데 레이즈를 맞으면 쉽지 않은 승부다.

크게 이 두 가지로 요약 할 수 있다.

A. 특별한 상황을 제외하고는 상대를 데리고 가려고 노력하지 마라.

상대를 데리고 가는 운영은 공짜로 1장을 더 볼 수 있는 기회를 주는 것으로 역전의 빌미를 스스로 제공하는 동시에 큰 승부를 만드는데 결정적인 이적행위가 된다. 그럼 실전 상황을 통해 의미를 알아보자.

1. 프리플럽에서 레이즈 없었을 때 – 총 4명승부

예)

--낮은 키커일 때도 운영 거의 비슷

ⓐ

턴에서 클로버가 1장 더 떨어지면 기분 나쁘고 이겨도 큰판이 만

124

들어지기 어렵다. 따라서 베팅위치 앞이건 뒤건 모두 무조건 베팅해
야하며, 만약 뒤의 위치에 있는데 앞에서 먼저 베팅하고 나오면 콜
이든, 레이즈든 상황에 따라 선택하면 되지만, 가능한 데리고 가려
는 운영이 무조건 정석이라는 생각은 버려라.

베팅위치 앞이건 뒤건 모두 무조건 베팅해야하며, 만약 뒤의 위치
에 있는데 앞에서 먼저 베팅하고 나오면 이때 역시 콜만 해도 좋고,
레이즈하며 큰 승부 만드는 운영도 함께 생각해라.

ⓐ, ⓑ와 동일한 운영. 하지만 지금은 턴에 A, K 등 빅카드가 오
픈되고 상대가 A, K를 가지고 있기를 기대하여 한 템포 죽이는 운
영도 효과적인 경우가 많으니 상황에 따라 본인이 선택하면 된다.

2. 프리플럽에서 레이즈 있었을 때

--- 상대(S)빅블 5배--총 4명승부

예)

--낮은 키커일 때도 운영 거의 비슷

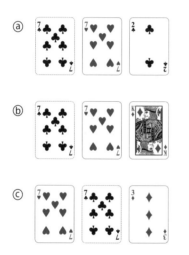

ⓐ

ⓑ

ⓒ

*여러분의 위치 앞 일 때 --- 앞의 그림 ⓐ~ⓒ 모두 똑같이 적용

(여)체크-상대 베팅(S)-1명 콜, 1명 폴드 --- 여러분 어떻게?

바로 레이즈 하고 큰 승부 노려라 - 상대 죽어도 할 수 없다.

콜만 하고 데리고 가도 턴, 리버에서 베팅위치 나쁘기에 특별한 의미 없이 큰 승부 놓치기 쉽기 때문이다. 또한 플럽에서 레이즈하여 죽을 상대라면, 여러분이 플럽에서 콜만 하고 턴에서 체크-레이즈를 노리고 체크를 했을 때, 상대는 베팅 안할 확률이 매우 높다는 점도 중요한 포인트 중 하나다. 그러나 ⓐ, ⓒ처럼 페어 이외의 카드가 낮은 카드일 때는 턴에 A, K 등이 오픈되고, 상대가 A, K 등을 가지고 있기를 기대하며 콜만하고 데리고 가는 운영도 유력할 때가 많으니 본인의 선택이라 하겠다.

단, 이때 플럽에서 아예 처음부터 체크를 하지 않고 먼저 베팅하고 나가는 것도 생각해볼 필요가 있다. 약간은 비정상적인 베팅(프리플럽에서 뒤에 있는 S가 판을 키웠기에, 플럽 오픈 후에는 보통 S에게 베팅을 넘기는 것이 정상)으로 '믿어, 못 믿어' 방식의 베팅이라고 하겠다.

상대로 하여금 "7을 가지고 있으면 미리 베팅하고 나올 일 없는데…"라고 생각하게 만드는 방법이다.

그런데 만약 상대가 이런 의심을 하게 되면 의외의 큰 승부가 만들어질 가능성도 얼마든지 기대할 수 있다. 그러나 굳이 이런 방법을 애용하라고 권하는 것은 결코 아니다. 단지 '이런 편법적인 베팅도 상대와 상황에 따라 가끔은 사용가능하다'는 정도로만 생각하기 바란다.

*여러분의 위치 뒤 일 때 --- 앞의 그림 ⓐ~ⓒ 모두 똑같이 적용

상대(S)베팅-1명 콜, 1명 폴드-여러분 어떻게?
-콜, 레이즈 둘 다 가능.

- **콜** ⇨ 프리플럽 판 커져 있어, 턴에서도 베팅 유도하려는 의도
이다. 이 경우 상황에 따라 턴에서도 콜만 하고 리버에서도 베팅 유
도 할 수도 있다
- **레이즈** ⇨ 상대 죽을 수 있지만 큰 승부 만들려면 유력한 방법
이다. 특히 이때 상대가 빅페어라면 큰 승부 만들어질 가능성 높다.

이처럼 콜, 레이즈, 두 가지 모두 장단점 있고 가능한 운영이지만
특별한 경우가 아니라면 플럽에서 레이즈하는 쪽이 큰 잿팟을 만드
는 데는 더욱 매력 있는 운영이라고 하겠다.

지금까지 플럽에 페어가 오픈 되었을 때의 운영에 대해 설명했는
데 간략히 정리하면
① 플럽에서 체크, 또는 콜만 하여 다음카드를 상대에게 공짜로 보여주어 역전
의 빌미를 스스로 만들지 마라.
② 상대가 앞에서 먼저 베팅하고 나오면 무조건 콜만하고 데리고 가려하지 말고,
레이즈하여 큰 승부를 만드는 방법도 상황과 상대에 따라 염두에 두어라.

③ 플럽에서 체크, 또는 콜만 하고 턴에서 레이즈하면 더 큰 공포감 조성하게 되어 큰 승부 만들기 훨씬 더 어려워진다.

따라서 ①~③번 모두 큰 승부 노리려면 상대가 죽어 헛장사 되더라도 아쉬워하지 말고 플럽에서 큰 승부를 만들고, ㄱ 이후의 상황에 따라 다시 대응해 나가라는 뜻이다. 플럽에서 레이즈해서 죽을 상대라면 어차피 여러분에게 큰 돈 보태줄 사람 아니라고 생각하라는 것이다.

이 세 가지로 요약할 수 있다. 그러나 아무리 큰 승부를 만드는 것이 중요하다해도, 베팅하면 상대가 무조건 죽을 것 같은 기분이 너무도 강하게 들 경우에는 체크할 수도 있다. 이것은 앞에서도 언급했듯이 턴에서 A, K, Q 등 하이카드가 오픈되고, 상대가 그 카드를 가지고 있기를 기대하는 운영이라고 볼 수 있다.

이때 그 상대가 키커까지 좋으면 망외의 소득 올릴 수도 있는 것도 틀림없는 사실이다. 그러나 기본 전략은 '플럽에서 상대를 데리고 가려 의도적으로 노력해서는 안 된다'는 점을 명심해야 한다.

플럽에서 트리플이 되는 건 자주 찾아오는 찬스가 아니다. 그렇기에 찬스가 왔을 때 최대한의 소득을 올려야 함은 너무도 당연하다. 그런데 이런 드문 찬스에서 상대를 데리고 가려 노력하는 것은 푼

돈을 조금 더 먹는 데는 분명 도움이 될 수 있지만 큰 승리를 만드는 데는 암적인 요소임을 이제는 깨달아야 한다.

그리고 여러분이 플럽에서 트리플을 잡고 패하는 경우가 된다면 어느 정도의 피해는 각오해야 한다. 트리플이라는 좋은 카드를 가지고 있기 때문이다. 그렇기에 상황에 따라 현명한 판단을 해야 한다는 건 너무나 당연하다.

그랬을 때 가장 기본 사항은 플럽, 턴에서는 특별 상황이 아니면 죽기 어렵지만, 리버에서는 베팅하고 나갔다가 레이즈를 맞으면 매우 기분 나쁘고 어려운 승부라는 점을 명심해야 한다.

♠ 음미해 볼 만한 포커 명언 ♠

가장 중요하고, 흔한 실수는 상대를 얕보는 것.

The most common,
yet critical mistake is to underrate your enemy.

B. 리버에서 베팅했는데 레이즈를 맞으면 이기기 어려운 승부다.

플럽에서 페어가 오픈되고 여러분은 트리플이 되었는데, 턴 또는 리버에서 레이즈를 맞으면 이때는 어떻게 대응해야 할까? 홀덤 게임의 초보자들은 기본적으로 '트리플로 죽는 섯은 있을 수 없는 일'이라는 굳은 신념을 가지고 있으며 더 심한 경우에는 죽으면 큰일 난다는 식의 잘못된 생각을 강하게 가지고 있다고 할 수 있다. 그렇다면 과연 그런지 실전 상황을 통해 대응법을 알아보자.

-여러분 핸드

--프리플럽-레이즈 없음-4명승부-위치:여러분=가장 앞

--여(베팅)-콜 2명, 폴드 1명

<상황 1>

여(베팅)-상대1(콜)-상대2(레이즈)-여러분 어떻게?-콜? 레이즈? 폴드?

지금은 특별한 분위기가 아닌 한, 죽기는 싫고 죽을 수 없는 상황이다. 하지만 아주 쉬운 승부라고 생각하는 것은 매우 위험하다. 지금과 같은 상황이라면 상대가

① 더 좋은 카드를 가지고 있을 경우(2-2, 5-5, 8-A, 8-K 등)

② 리버에 칼자루를 잡으려 응수타진을 해올 경우(8-9, 8-7, 5-A, 5-K 등)

③ 포플, 양방, 공갈 등일 경우(가능성 적다)

- 프리플럽에서 레이즈가 없었던 것으로 보아 빅페어일 가능성은 희박하다고 가정.

대략 이 정도 3가지로 상황이 압축되는데 ③은 가능성이 낮으므로 일단 무시하고, 상대 스타일과 그때의 분위기에 따라 ①인지, ②인지를 잘 판단해야겠지만 어떤 경우든 턴에서 바로 카드를 던지기는 싫다고 하겠다.

그럼 이번에는 턴에서도 상대가 콜을 하고 리버에 레이즈가 나온 경우를 살펴보자.

<상황2>

--턴에서 --- 여(베팅)--콜--콜

-여(베팅)--상대1(폴드)--상대2(레이즈)--여러분 어떻게?

지금은 상대가 공갈을 시도한 것이라고 보지 않는 한 힘든 승부이
다. 왜냐하면 지금 상황은 여러분에게 지는 카드라면 리버 레이즈는
무리이기 때문이다(8-9, 8-7, 5-A 등이라면 턴에서는 레이즈가 가능하지만 리
버에서 레이즈는 지나친 모험이고 무리다. 아주 작은 판은 예외).

따라서 지금은 상대가 공갈을 시도한 게 아니라면 여러분이 이
기기 어려운 승부임을 깨달아야 한다. 그렇기에 지금은 매우, 대단
히 아쉽겠지만 이를 악물고 카드를 던지는 것이 정답에 가깝다고
하겠다.

지금의 예에서 설명했듯이, 턴에서 베팅하고 나갔다가 레이즈를 맞았을 땐 특별한 경우가 아닌 한 던지기는 싫은 상황이다. 특히 상대가 베팅위치 좋을 때는 상대 입장에서 여러 가지 의미(응수타진, 리버 칼자루 등)를 가지고 레이즈를 해올 수 있기 때문이다.

하지만 리버에서 베팅하고 나갔다가 레이즈를 맞으면 몹시 기분 나쁜 상황임을 명심해야 한다. 이때는 상대가 이길 자신이 있어서 레이즈를 한 것이냐? 자신이 없어 공갈을 시도한 것이냐? 이 두 가지 중 하나밖에 없는데 어찌됐든 공갈보다는 진카가 나올 확률이 훨씬 더 높다고 봐야한다.

그리고 지금의 이야기(턴보다 리버에서 레이즈를 맞으면 훨씬 더 기분이 나쁘다는 것)는 바닥에 페어가 오픈되고 여러분이 트리플을 가지고 있을 때만이 아니고 홀덤게임의 거의 모든 상황에서 똑같이 적용된다는 사실도 명심하기 바란다.

그럼 이번에는 여러분이 풀하우스가 메이드 된 상황에서의 운영을 간단히 알아보자.

<CASE 1>

-여러분 핸드

--프리플럽 레이즈 없음--총 4명승부-위치:여러분 가장 뒤

-플럽 오픈 후-체크-체크-체크-여(베팅)-폴드, 콜, 콜

-턴 오픈 후 -체크-체크-여(베팅)-콜, 콜

-리버 오픈 후-체크-체크-여(베팅)

　-상대 레이즈-폴드 --여러분 어떻게?

　지금은 여러분이 세컨넛이니 무조건 리레이즈 찬스다(넛=8-7).

　당연히 여러분은 레이즈2를 하였다. 그러자 상대에게서 레이즈3

가 나왔다. 여기서 여러분은 어떻게 하시겠는지?

　지금 같은 상황에서 레이즈4를 하겠다는 분들도 적지 않으리라

생각한다. 그러나 레이즈4는 모험이다. 특히 서로가 돈이 많을 때는

더욱더 위험하고 금물이라는 사실을 명심해야 한다. 상대가 넛이라

면 무조건 레이즈5가 나오고, 여러분은 이때 죽기가 싫고, 이것은

엄청난 대형사고가 되기 때문이다.

그렇기에 지금은 상대가 아주 초보자가 아닌 한 레이즈4는 모험이고, 죽을 수도 없다. 오직 콜만이 선택할 수 있는 유일한 선택이라는 것이다. 다음 상황을 보자

<CASE 2>

--여러분 핸드

-프리플럽(레이즈 없음, 총4명, 여러분 가장 뒤)

- 플럽 오픈 후 체크-체크-체크-여(베팅)-폴드, 콜, 콜
- 턴 오픈 후 체크-체크-여(베팅)-콜, 콜
- 리버 오픈 후 -체크-체크-여(베팅)-상대 레이즈-폴드
- --여러분 어떻게?

-상대 풀하우스면 6-6 아니면 진다.

-여러분이 이기는 길=상대 공갈 아닌 한 8-A, 8-Q, 6-6

--여기서 여러분이 레이즈2 가능할까? -- 가능하지만 모험, 무리

-상대 스타일, 분위기, 잘 감안해서 판단해야.

-만약 여러분이 R2를 했는데 상대에게서 R3가 나오면 지옥!-무조건 죽어야.

-그러나 그 상황에서 R2를 하는 스타일이면 R3를 맞아도 거의 안 죽는다(대형사고).

-하수들 전매특허 - "풀하우슨데 어떻게 죽어~!"

따라서 지금과 같은 상황에서는 빅팟이거나, 서로 돈이 많을 땐 리버에서 상대 레이즈 때 콜만 하는 게 정상 운영이라고 하겠다.

<CASE 1>과 <CASE 2>를 비교하면 여러분은 같은 8풀하우스지만 위력의 차이가 얼마나 큰지를 느낄 수 있을 것이다. <CASE 1>에서는 상대가 풀하우스라 할지라도 8-7만 아니면 지는 일은 없지만, <CASE 2>에서는 상대가 풀하우스라면 6-6을 제외한 K-K, J-J, 8-K, 8-J 어떤 게 나와도 진다 (물론 지금은 프리플럽에서 레이즈 없었기에 K-K, J-J 등이 나오기는 어렵다. 하지만 프리플럽에서 레이즈 있었을땐 K-K, J-J 등도 신경 써야 한다).

즉, 바닥에 페어가 깔려 있고 여러분이 트리플일 때(8) <CASE 1>
처럼 8보다 낮은 숫자(7, 6, 2)들이 오픈되어 있을 때 풀 하우스가 되
는 것과, <CASE 2>처럼 8보다 높은 숫자(J, K)들이 많이 오픈되어
있을 때는 큰 차이가 난다는 것이다.

지금까지 설명해 왔듯이 리버에서 베팅하고 나갔다가 상대에게
레이즈를 맞았을 때 풀하우스가 없으면 거의 지옥이고, 풀하우스
가 되었어도 방심해선 안 된다.
특히 바닥에 하이카드가 많을 때는 풀하우스가 되었어도 경솔한
대응을 하는 것은 매우 위험하다.
따라서 바닥에 페어가 깔려 있고 여러분이 트리플일 때, 풀하우
스가 되었더라도 바닥 상황과 베팅, 레이즈 상황에 따라 콜만 하든
지, 죽어야 할 때도 있다는 사실을 명심해야 한다.

♠ 음미해 볼 만한 포커 명언 ♠
자신을 이기는 것이 최고의 승리.
The biggest victory is to win yourself.

**참고삼아 풀하우스가 되었을 때의 넛 상황을 간단히 알아보자.

바닥1.

1. Q-Q   2. K-K   3. K-Q   4. Q-7   5. Q-2.   6. 7-7   7. 2-2

--손에 K-Q면 넛안됨--K-K

바닥2.

1. Q-Q   2. Q-J   3. Q-7   4. Q-2   5. J-J   6. 7-7   7. 2-2

--손에 Q-J이면 넛

12. 팟오즈(Pot Odds)의 모든 것

팟 오즈는 기댓값이다. 투자 금액 대비 이길 가능성과 이겼을 때 획득 가능한 금액의 비율을 의미한다.

하수들은 자신의 패가 좋으면(넛 포플, 양방, 셋, 투페어등) 현재 지고 있다고 느껴도 거의 안 죽으려 한다. 그렇기에 성적이 좋을 수가 없고 하수에서 벗어날 수 없겠지만.

그렇다고 불리한 상황에서는 언제나 죽어야한다고 말하는 것은 절대 아니다. 그것은 승부할 가치가 있냐, 없냐? 달리 표현해 배당(팟오즈)이 좋냐? 나쁘냐?에 따라 결정되는 것이다. 물론 그 배당은 뜨면 거의 이긴다고 확신할 때를 의미한다.

즉, 떠도 승리가 불안할 땐 팟오즈라 말하기 어렵고, 자칫 '떠서 더죽는' 그런 불운을 당할 수도 있기 때문이다.

팟오즈를 생각하지 않으면 영원히 눈물 마를 날 없다.

팟오즈를 알고 승부를 선택해야 한다고 해서 전자계산기를 옆에 두고 게임하라는 건 아니며, 그렇게 한다고 반드시 이길 수 있는 것도 아니다.

홀덤은 확률대로 반드시 결과가 나오지 않는다. 만약 홀덤이 언제나 확률대로 결과가 나온다면 대학교의 뛰어난 수학교수들이 전

세계 모든 홀덤판을 휩쓸 것이다. 그러나 실제로 그런 일은 일어나지 않는다.

확률이 중요한 부분을 차지하는 것은 틀림없는 사실이지만, 큰 승부에서는 서로간의 기세싸움이나, 승부의 흐름이 훨씬 더 크게 작용할 때가 많기 때문이다. 즉, 조그만 판의 평범하고 정상적인 승부는 확률에 의해 결과가 나오는 경우가 많지만 절대 절명의 큰 승부에서는 승부의 흐름이나 감각이 우선적으로 작용하는 경우가 많다는 뜻이다.

그렇기 때문에 홀덤이 더 어렵고 더 매력 있고 더 흥미 있고, 하수가 고수에게 이기기 어려운 게임이다. 하지만 그렇더라도 기본적으로 반드시 팟오즈를 정확히 알고 대응해야한다는 것은 너무도 당연한 여러분의 의무임을 명심해야 한다.

그럼 팟오즈는 어떻게 계산하는지 간단하게 알아보자.

팟오즈 계산하는 법 ⇨ 원하는 카드를 뜰 확률을 뽑아 분자를 1로 만든다.

예를 들어 2/7=1/3.5,　2/9=1/4.5 이런 식이다. 그 후 분모에서 분자를 뺀다.

1/3.5 --- 3.5-1=2.5

이 경우 여러분의 투자액 대비 배당(여러분이 투자하는 돈은 제외하고)

이 2.5배가 되면 팟오즈는 본전이 된다.

예를 들어 바닥에 1,500이 있고 상대가 1,000을 올인했다면, 여러분이 만약 승부를 하면 1,000을 넣고 이기면 2,500(1,500+1,000)을 가져온다.
그렇다면 이것은 2.5배의 배당이고, 여러분이 원하는 카드를 뜰 확률이 약 28%(=1/3.5) 정도면 정확하게 승부를 할 수 있다는 결론이 된다(3.5-1=2.5).

바닥에 1,500이 있고 상대가 2,000을 올인했다면, 승부를 하면 2,000을 넣고 여러분이 이기면 3,500(1,500+2,000)을 가져온다. 그렇다면 이것은 1.75배의 배당이고, 여러분이 원하는 카드를 뜰 확률이 25%(=1/4) 정도면 팟오즈가 나쁘기에 승부를 해서는 안 된다는 뜻이다(4-1=3배 배당 되어야 하므로 손해).

*뜰 확률=1/5 --- 5-1 --- 4(배)--투자액 대비 배당이 4배가 되면 본전.
*뜰 확률=1/7 --- 7-1 --- 6(배))--투자액 대비 배당이 6배가 되면 본전.
*뜰 확률=2/9(=1/4.5)--4.5-1-3.5(배)--투자액 대비 배당이 3.5배가 되면 본전.

그럼 실전 상황을 예로 알아보자.

턴에서 여러분은 탑 셋이고, 상대는 확실한 스트레이트 메이드로 느껴진다. 이 때 턴에서 상대가 올인을 해왔다면 여러분은 어떻게 하시겠는지?

상대가 스트레이트 네이드라면 베팅금액에 따라 팟 오즈가 결정된다. 그럼 지금 상황을 그림으로 알아보자.

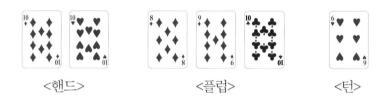

<핸드>   <플럽>   <턴>

상황1. 팟=1,000, 상대 2,000 올인(상대 남은 돈=0)

-여러분--2000 투자해서 먹을 돈은 3,000(2000+1000)이다.

-뜰 확률=10/46(약 22%)--1/5(5-1=4).

-배당=투자액(2,000)의 4배(8,000) 되어야 한다.

--절대 해서는 안 될 승부(리버에 7이 와서 혹시 무승부가 될 가능성, 그리고 상대가 6셋, 8셋, 9셋일 경우는 일단 제외).

상황2. 팟=3,000, 상대 1,000 베팅(올인)

-여러분--1000 투자해서 먹을 돈은 4,000(3000+1000)이다.

-뜰 확률=10/46(약 22%)--1/5(5-1=4).

-배당=투자액(1,000)의 4배(4,000) 되어야 한다.

--거의 비슷하게 팟 오즈 나오는 상황=본전 승부.

상황3. 팟=3,000, 상대 500 베팅(올인)

-여러분--500 투자해서 먹을 돈은 3,500(3000+500)이다.

-뜰 확률=10/46(약 22%)--1/5(5-1=4)

-배당=투자액(500)의 4배(2,000) 되어야 한다.

--무조건 해야 하는 승부.

팟 오즈

① 상황 변화에 따른 변수가 너무 많기 때문에 프리플럽, 애프터플럽에선 거의 생각하지 않는다.

② 거의 대부분 턴 오픈된 후 팟오즈에 의한 승부(간혹은 애프터 플럽에서도) 결정한다.

③ 리버 오픈 후엔 팟오즈 의미 없다 - 승패 가능성은 계산할 수 없기 때문이다.

실제 상황 ---

-여러분=넛 양방일 때--현재 보드상 4 또는 9가 뜨면 무조건 100% 이기는 상황이다.

<상황 1>

-뜰 획률-8/46(약1/6)--투자액 대비 기댓값--5배(6-1=5) 이상 되면 승부 가능.

<상황 2>

-- 6=넛, J=넛아님(3등-상대8-Q, O-K)

-뜰 확률=8/46(약1/6)--J가 와도 이긴다고 판단 할 때

--투자액 대비 기댓값--5배(6-1=5) 이상 되어야

지금의 상황 2 같은 경우 J가 리버에 와서 더 큰 피해를 보거나 또는 6이나 J가 ♥로 와서 상대가 플러시가 되는 경우도 얼마든지 발생할 수 있기에 상황 1에 비해서는 부가가치가 엄청나게 떨어지는 상황임을 명심해야 한다. 즉, 지금은 진정한 너트는 ♥가 아닌 6-3장밖에 없으므로 승부할지 포기할지를 상황에 따

라 잘 판단해야 한다.

-여러분=셋일 때-상대 스트레이트 메이드라 판단

<상황 3>

-뜰 확률=10/46(약1/5)
--투자액 대비 기댓값--4배(5-1=4) 이상 되어야

-여러분=투페어일 때--상대 메이드라 판단

<상황 4>

-뜰 확률=4/46(약1/11)
--투자액 대비 기댓값--10배(11-1=10) 이상 되어야

탑페어같은 경우라면 본인이 원하는 카드가 오픈되더라도 100% 이긴다는 장담을 하기 어렵다. 따라서 팟오즈를 계산하는 자체가 무리이므로 그 때는 상황에 따라 본인이 어떤 선택을 할지 잘 판단해야 한다.

지금까지 팟오즈에 대해 간략히 설명했지만 반드시 팟오즈를 계산하여 대응해야 한다는 것은 결코 아니다. 승부를 가름하는 더 중요한 요소인 승부의 흐름이라는 변수가 있기 때문이다. 그렇기에 본인의 감각으로 어떤 승부를 선택하든 그것은 여러분 고유의 의무이자 권한이다.

하지만 언제나 기본적으로 팟오즈를 정확히 알아두고서 상대스타일, 분위기 등등 여러 가지 상황을 모두 감안해서 그 결정을 선택해야 한다는 것이다.

> ♠ **음미해 볼 만한 포커 명언** ♠
>
> 테크닉을 아는 것은 팟을 이기게 해주고,
> 흐름을 아는 것은 게임에서 이기게 해준다.
> Achieving technique wins the pot,
> knowing the rythm wins the game.

상대의 레이즈를 겁내지 마라

우리나라 최고의 인기 스포츠 중 하나인 프로야구가 시작된 지도 어느새 40년이 거의 되어가고 있다.

프로야구 팬의 한 사람으로서 홈런이나 안타를 안 맞으려 피해 다니다 포볼을 남발하며 더 큰 위기를 스스로 자초하는 것을 볼 때마다 너무도 안타까운 생각이 든다. 물론 작전에 의한 볼넷일 경우라면 유력할 때도 있는 것이 사실이다.

하지만 작전에 의한 것이 아니라 단지 투수가 안타, 홈런에 대한 두려움 때문에 승부를 피한 것이라면 이러한 투수는 절대 훌륭한 투수가 아닐 것이다. 승부 전부터 미리 상대에게 겁먹고 꼬리를 내린 것이기 때문이다.

훌륭한 투수가 되려면 결과를 떠나 "칠 수 있으면 쳐봐!"라는 배짱과 자신감을 반드시 가지고 있어야 한다.

승부를 하면 질 때도 있고, 이길 때도 있지만 승부를 피하는 것은 100전 100패를 의미한다. 그렇기에 결과를 보기도 전에 미리 겁먹고 승부를 피한다면 그 투수는 영원히 훌륭한 투수가 될 수 없다고 생각한다. 그래서 야구에서는 '홈런을 맞는 투수는 살아남을 수 있지만, 볼넷을 주는 투수는 살아남을 수 없다.'는 말이 전설처럼 전해 내려오고 있는 것이리라.

지금의 이 이야기는 홀덤에서도 똑같이 적용된다. 레이즈 맞을 것을 미리 예상하여 겁먹고 베팅 찬스에서 주저하는 것은 절대 금물이라는 것이다.

항상 좋지 않은 성적표를 받는 하수들은 이긴다고 확신하는 판에서만 베팅이나 레이즈를 하려 하는 경향이 강하게 나타난다. 그것은 결국 베팅 찬스에서 베팅을 못하고 패를 보게 해 줌으로써 공짜로 역전의 빌미를 상대들에게 제공하는 셈이다. 그리고는 하염없이 완벽한 찬스가 오기만을 기다리지만 하수들이 원하는 그런 완벽한 찬스는 쉽게 찾아오지 않는다.

그렇다고 언제나 베팅, 레이즈를 하라는 것은 절대 아니다. 단지, 베팅 찬스라고 생각할 때는 미리 상대의 레이즈를 예상하고 두려워하며 베팅을 주저하지 말라는 것이다. 즉, 베팅하고 나갔다가 레이즈를 맞고 죽을 땐 죽더라도 베팅 찬스라 생각할 때는 자신 있게 베팅하라는 뜻이다.

상대의 레이즈를 예상하고 두려워하며 베팅을 주저하는 것은 바로 야구에서 홈런이나 안타를 맞는 것이 두려워 볼넷으로 출루시키는 것과 똑같다.

그러나 여러분이 두려워해야 할 것은 한방의 홈런이나 안타가 아니다. 진정으로 두려워해야 할 것은 홈런, 안타가 두려워 미리 상대에게 지고 들어가는 나약한 마음가짐이라는 사실을 명심해야 한다. 한방의 홈런, 안타는 그 순간의 패배일 뿐이지만, 마음가짐의 패배는 영원한 패배이기 때문이다.

이처럼 홀덤에서도 미리 상대의 레이즈를 두려워하여 베팅 찬스에서 주저하는 것은 바로 마음가짐의 패배를 의미한다.

레이즈가 쉽게 나오는 것도 아니고, 설혹 레이즈를 맞더라도 그때가서 대응하면 된다는 편안한 마음을 가져야 한다. 그리고 레이즈를 맞고 분위기가 이상하다고 느끼면 죽으면 된다. 진짜 그런 상황이 벌어지면 들어간 돈 아까워하지 말고 "내가 잘못했다. 너 먹어라."라며 편안한 마음으로 미련 없이 던져 버리라는 것이다.

그리고 또 한 가지 여러분이 잊어서는 안 될 중요한 포인트는 베팅 찬스에서 베팅을 주저하는 플레이를 일삼게 되면 그것은 상대들이 여러분을 대응하기가 편안해진다는 점이다. 다시 말해 여러분은 확실할 때가 아니면 베팅을 안 하는 것이기에 여러분의 패를 판독하기도 쉽고, 대응하는데 부담이 없어지며 훨씬 수월해진다는 이야기다. 이렇게 된다면 이미 여러분이 게임에서 좋은 성적을 내기는 어려워진다. 여러분의 스타일과 정체가 드러나 있고, 또 상대에게 거의 부담을 주지 못하기 때문이다.

물론 레이즈를 맞고 죽을 각오를 하면서 베팅을 하고 나간다는 게 말처럼 쉬운 일은 아니다. 하지만 아무리 어렵더라도 여러분이 고수의 수준에 올라 게임 테이블에서 웃으며 일어날 수 있으려면 반드시 그 어려움을 이겨내야 한다.

상대를 두려워하는 마음가짐을 가지고 있어서는 게임에서 이길 수 없기 때문이다.

최고의 전략은
기다림(인내)

　필자는 홀덤게임을 인내와 선택의 게임이라고 자신 있게 말한다. 이 두 가지야말로 홀덤게임에서 좋은 성적을 올리기 위해 가장 중요한 요소이기 때문이다.

　우리의 인생 자체가 크고 작은 끊임없는 선택의 연속이고, 홀덤 역시 마찬가지라는 사실에 대해서는 앞서 이미 언급한 바 있기에 반복해서 이야기하지 않겠다. 그렇기에 여기서는 다른 한 가지 절대적 요소인 인내에 대해 여러분들에게 말씀드리겠다.

　'참을 인(忍) 자 셋이면 살인도 피한다.' 는 말을 모르는 사람은 없으리라.

　우리 인생의 어떤 분야에서든 거의 대부분의 화가 인내 부족, 그리고 한 가지가 더 있다면 과욕에서부터 기인된다면 필자의 지나친 억측일까? 억측이든 아니든 우리의 삶에 있어 인내라는 단어가 너무도 크고 중요하고 많은 의미를 가지고 있다는 점에 대해서는 아무도 부정하지 않을 것이다.

이 세상 어떤 종류의 경쟁에서도 남들보다 앞서 나가기 위한 절체절명의 요소 중 한 가지가 바로 자신과의 싸움에서 이길 수 있어야 한다는 점이다. 그랬을 때 자기 자신과의 싸움에서 이긴다는 것은 바꾸어 말해 인내를 의미한다.

불필요한 주변의 유혹과 자신의 욕망을 뿌리치고 이겨낼 수 있는 것이 자신을 통제하는 자제력이고, 그 자제력이 바로 인내라는 것이다.

그렇기에 자기 자신에게 이기지 못하는 사람은 자신을 통제하고 자제하지 못하는 사람이며, 이런 사람은 결코 남들보다 앞서 나가기 어렵다는 뜻이다.

그러면 홀덤게임에서 고수가 되기 위해 필요한 인내에는 어떤 것들이 있는지 알아보자.

홀덤 게임에서 필요한 인내

1. 다음 카드 보고 싶은 것 참는 인내

누구라도 다음 카드를 보고 싶지 않은 사람은 없을 것이다. 하지만 보고 싶은 카드를 매번 본다면 절대 이길 수 없다. 특히 행운을 바라며 플럽을 보려는 마음을 잘 떨쳐내야 한다. 게임 참가 횟수를 줄이라는 것이다.

2. 공갈 확인하고 싶은 것 참는 인내

어느 정도의 족보를 가지고 있을 때, 상대가 베팅이나 레이즈를 해오면 어떤 카드를 가지고 있는지, 공갈은 아닌지, 확인하고 싶은 기분이 드는 건 누구나 똑같지만 이런 마음도 다스려야 한다.

3. 공갈 시도하고 싶은 것 참는 인내

공갈로서 승리를 가져오는 것이야말로 홀덤게임이 가지고 있는 가장 큰 매력이자 또한 함정이다. 그러나 공갈을 즐기는 사람은 결코 게임에서 이길 수 없다고 감히 단언한다.

4. 게임 더 하고 싶은 것 참는 인내

어느 정도 돈을 잃고 있고, 주머니에 돈이 남아 있다면 누구라도 게임을 더 하고 싶은 마음은 똑같다. 그러나 게임이 안 풀리는 날이라고 느낀다면 이 악물고 일어서며 다음을 기약해야 한다.

5. 자신의 흐름 기다릴 수 있는 인내

하루 종일 한 사람에게만 행운이나 불운이 이어지는 건 1년에 불과 몇 번 있을까 말까 한 어려운 일이다. 게임의 흐름이 자신에게 안좋다고 느껴지면 무리하지 말고 자신의 때가 오기를 기다려라.

이처럼 홀덤게임에서 고수가 되기 위해 필요한 인내는 여러 가지가 있다. 그랬을 때 대부분의 사항이 타이트한 운영이나 마음가짐이라고 볼 수 있다. 즉, 콧구멍 스타일의 운영이나 마음가짐이라는 것이다. 그렇기에 홀덤 게임에서는 인내=콧구멍 스타일이라고 보아도 크게 틀리지 않는다.

그리고 다섯 가지 모든 인내가 전혀 실행하기 어렵지 않은 것들이다. 그러나 실제로는 거의 모든 사람들이 지키지 못하고 있으니 인내가 부족한 것이고, 성적이 안 좋을 수밖에 없는 것이다.

지금까지 게임에서 항상 성적이 안 좋은 하수들은 '인내'라는 한마디 단어만 명심해도 몰라보게 성적이 좋아지리라고 감히 장담한다. 그리고 중급 이상의 실력자들에게도 '인내'가 절대적으로 필요하다는 사실은 예외가 아니라는 점을 명심해야 한다.

홀덤게임에서 언제나 나쁜 성적표를 받는 수많은 사람들이
"나도 코 파면 딸 수 있어!"
라고 이구동성으로 부르짖는다. 코를 파면 무조건 딸 수 있는지 그건 장담하기 어렵겠지만 코를 판다면 조금이라도 성적이 좋아질 수 있다는 것은 틀림없는 사실이다. 하지만 코를 판다는 게 절대 쉽지 않은, 매우 어려운 일이라는 사실을 명심해야 한다.

짧은 시간 동안 잠깐 코를 파는 운영은 누구나 할 수 있다. 그러나 시간이 길어지면 문제가 달라진다. 코를 파는 운영에 익숙해 있지

않은 사람들은 몸이 꼬이기 시작하기 때문이다. 그러면서 뚜껑이 조금이라도 열리는 작은 사고가 벌어지면 그 순간 바로 본연의 스타일로 컴백이다. 물론 뚜껑이 열리는 사고가 없다면 조금 늦어지겠지만 어차피 컴백은 정해진 수순이라는 것이다.

코를 파는 운영에 익숙해 있지 않은 사람은 잠깐은 몰라도 장시간 코를 파기가 어렵다. 그때까지 이어져온 자신이 스타일을 버리지 못하는 것과 동시에 코를 파는 운영이 좋은 전략이라는 강한 믿음이 없기 때문이다. 거의 모두가 시간이 흐르면서 스스로 무너진다는 것이다. 그리고 이것은 거의 불치병에 가깝다.

물론 콧구멍을 파지 않고 람보 스타일로 이길 수만 있으면 굳이 콧구멍을 팔 필요가 없다. 하지만 좋은 성적을 내지 못한다면 한시 빨리 베트콩 스타일로 돌아가라. 인내심을 기르는 것만이 험하고 험한 홀덤 세계에서 살아남을 수 있는 유일한 방법임을 깨달아야 한다. 최고의 전략은 인내, 즉 기다림이라는 것이다.

여러분이 돈을 잃어도 괜찮다는 마음으로 게임을 하는 게 아닌 한, 테이블에 앉는 순간 제1번 목표는 언제나 웃으면서 일어설 수 있어야 한다는 것뿐이다. 이겨야 한다는 한 가지만 생각하라는 것이다. 그리고 나서 여러분이 테이블에서 웃으면서 일어설 수 있는 실력과 성적을 갖춘 다음에 여러분이 하고 싶은 모든 플레이와 행동을 하라는 뜻이다.

실전 이론 Ⅱ

13. 오버 페어(Over Pair)의 운영법

오버페어란 무엇인가? 아래 그림처럼 바닥에 오픈된 카드들보다
더 높은 페어를 손안에 가지고 있을 때를 오버페어라고 표현한다.

예1)

예2)

플럽을 오픈했을 때 오버페어가 되는 것은 큰 승리를 기대할 수
있을 만큼 대단히 매력적인 상황이다. 그렇기에 플럽을 오픈했는데
오버페어가 되면 웬만한 상황에선 승부를 포기하기 어려운 것이 보
통이다. 특히 하수들일수록 거의 진다는 생각 자체를 안 한다.

그러나 뒤의 'A-A(K-K)의 프리플럽 운영법'에서도 말하겠지만 매
력이 많고 죽기 싫은 카드일수록 패배하게 될 경우 대형 참사를 당
한다는 사실을 잊어서는 안 된다.

그러면 오버페어를 가지고 있을 때 어떤 상황에서는 승부가 가능한지, 어떤 상황에서는 매우 조심을 해야 하는지 실전 상황을 통해 알아보자.

<상황 1>

프리플럽-여러분 레이즈(빅블-5배) - 4명승부 위치: 가장 앞

(여러분)베팅-콜-드롭-(S)레이즈 --- 여러분 어떻게?

지금 상황에서 예상할 수 있는 S의 핸드는 어떤 것들일까?
공갈을 제외한다면 셋, 투페어, 오버페어(A-A, K-K, Q-Q, J-J), A-10, K-10, 양방 정도이다(9-9, 8-8은 공갈로 보겠다).

그렇다면 S를 공갈이나, 양방, A-10, K-10(또는 Q-10) 등으로 보지 않는 한 여러분이 이기기 어려운 상황이다. S를 셋, 투페어, 오버페어 등으로 본다면 죽어야 한다는 이야기다. 그러나 아무도 정답

을 알 수 없다. 따라서 이때는 S의 평소 스타일과 서로 간의 자금 상황, 분위기 등을 감안해서 오직 여러분의 승부 감각으로 결정해야 한다.

그런데 여러분이 S를 공갈이나, 양방, A-10, K-10 등으로 판단한다면 이때는 승부를 해야 한다. 그렇다면 이때는 콜일까? 리레이즈일까?

만약 S의 핸드를 공갈이나, 양방, A-10, K-10 등으로 본다면 당연히 리레이즈를 해야겠지만 그것은 여러 가지 상황을 또 살펴야 한다. 그중 가장 중요한 포인트는 바로 S와 여러분의 자금 상황이다. 둘 중 한 명이 돈이 적다면 바로 리레이즈를 하든, 올인 승부를 하든 모두 가능하다.

그러나 서로가 돈이 많다면 이때는 매우 신중하게 잘 결정을 해야 한다. 리레이즈를 한다면 큰 승부가 만들어질 가능성이 높기에 자칫 한방에 대형사고가 날 수 있기 때문이다.

만약 여러분이 리레이즈를 하여 큰 승부가 만들어진다면 누가 이길지는 아무도 알 수 없다. 하지만 이때 명심해야 할 점은 큰 승부가 만들어지면 여러분이 이길 가능성보다는 질 가능성이 조금이라도 높아진다는 것이다.

이렇게 얘기하면 혹자는

"누가 이길지 질지 모른다면서 그게 무슨 말도 안 되는 소리야"

라며 의문을 제기할지도 모르겠다. 하지만 큰 승부가 만들어지면 여러분이 질 가능성이 조금이라도 높다는 것은 틀림없는 사실이다. 그렇다면 그 이유는 과연 무엇 때문일까?

그것은 바로 S는 이길 자신이 없으면 리레이즈를 맞았을 때 꼬리를 내릴 수 있기 때문이다. 즉, S가 만약 A-10, K-10 같은 핸드를 가지고 있다면 승부를 포기할 수도 있다는 뜻이다(물론 스타일과 분위기에 따라 승부를 피하지 않을 수도 있다).

그러나 여러분은 리레이즈를 하는 이상 이 판의 승부를 포기하는 것이 쉽지 않다. 거의 끝까지 안 죽을 가능성이 매우 높다는 것이다. 그렇기에 지게 될 경우 여러분은 필연적으로 큰 피해를 볼 수밖에 없다는 이야기다.

아무튼 이런 상황에서 여러분은 승부처라 판단, 리레이즈를 하며 승부를 걸었다.

(여)레이즈2-폴드-(S)레이즈3-여러분 어떻게 하시겠는지?

그러자 S가 바로 레이즈3를 하였다. 그렇다면 이때는 어떻게 해야 할까?

지금은 매우, 몹시 기분 나쁜 승부라고 봐야 한다. A-10, K-10, 양방 등등의 핸드를 가지고 레이즈3를 하기는 지나친 무리다. 따라서 S를 공갈로 보지 않는 한 오버페어(이것도 레이즈3 하기는 쉽지 않지만)나, 셋 또는 투페어로 봐야 하는데 그렇다면 역전하기가 매우 어려운 승부다.

따라서 여러분은 여기서 승부할지 죽을지 결정해야 하는데, 필자는 무조건 죽으라고 아주 강력하게 말하겠다.

만약 여러분이 여기서 죽기 싫어서 콜이든, 레이즈4를 하든, 승부를 하기로 결정하면 그 이후 턴, 리버에선 특별한 상황이 아니면 못 죽는다. 그리고 이것은 누가 이기든 무조건 대형 사고를 의미한다.

<상황 1-1>

--프리플럽-여러분 레이즈(빅블-5배) - 4명승부 위치: 가장 앞

그런데 만약 <상황 1>에서 S가 플럽에서는 콜만 하고 턴에서 특별하지 않은 ♠9 카드가 떨어졌다. 그래서 턴에서 여러분이 베팅을 하고 나가자 S가 턴에서 레이즈를 해온다면 이때는 어떻게 대응해야 할까?

지금은 S가 플럽에서 레이즈를 해왔을 때 보다 훨씬 더 기분이 나쁜 상황이다.

첫째, 양방으로 승부를 걸어온 것.

둘째, 플럽에서 여러분을 데리고 간 것(투페어나 셋).

셋째, 손안에 9와 사연이 있는 카드를 가지고 있는 것 (9-9, 10-9, 5-9, 4-9).

넷째, 공갈을 시도한 것.

이 4가지 상황밖에 없는데 S가 공갈을 시도한 게 아니라면 여러분이 이기는 시나리오가 만들어지기 어렵다. 양방으로 플럽에선 콜만 하고 턴에서 레이즈를 하는 건 여러분의 희망 사항일 뿐, 그 가능성이 매우 희박하기 때문이다.

이때 턴에 9가 와서 S가 양방이 되는 카드(Q-J, J-8, 8-7등)를 가지고 있다면 그런 카드로는 보통 플럽에서 폴드 하는 것이 정상 운영이다(7-8이면 6빵꾸를 기대하고 콜을 할 수도 있다).

즉, 여러분의 입장에선 플럽에서 레이즈를 맞는 것보다 턴에서 레이즈를 맞는 것이 훨씬 더 괴로운 상황이라는 것이다. 그리고 이것은 비단 지금의 상황에서만이 아니라 홀덤게임의 모든 경우에 거의 적용된다고 생각해야 한다. <레이즈를 맞았을 때의 상황 판단법> 참고

<상황 2>

--프리플럽 여러분 레이즈(빅블-5배) - 4명승부 위치: 가장 앞

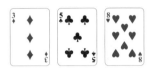

(여러분)베팅-콜-드롭-(S)레이즈 ⇨ 여러분 어떻게?

지금 상황에서 예상할 수 있는 S의 핸드는 어떤 것들일까?

공갈을 제외한다면 셋, 투페어, 오버페어(A-A, K-K, J-J, 10-10, 9-9), A-8, K-8, 양방 정도이다 (7-7, 6-6은 공갈로 보겠다).

지금은 조금 전의 <상황 1>과는 적지 않은 차이가 있다. 지금은 상대의 손에서 여러분에게 지는 오버페어(J-J, 10-10, 9-9)가 얼마든지 나올 수 있고, 실제로 이것은 승부에 큰 영향을 주는 부분이다. S의 입장에서 J-J, 10-10, 9-9 등의 핸드를 가지고 있으면 레이즈를

해올 가능성이 상당히 높기 때문이다.

따라서 지금은 기분이 아주 개운한 상황이라고는 할 수 없어도 (셋, 투페어, A-A, K-K 등도 나올 수 있기 때문) 죽을 수는 없는 상황이다.

그렇기에 지금과 같은 상황에서 콜을 하든, 리레이즈를 하든, 어떤 방식의 승부를 선택하든 여러분의 몫이다. 즉 S의 평소 스타일과 서로 간의 자금 상황, 현장 분위기 등을 감안해서 오직 여러분의 승부 감각으로 결정해야 할 뿐, 어느 누구도 정답을 줄 수가 없다는 것이다. 단, 둘 중 한 명이 돈이 별로 많지 않다면 플럽에서 바로 리레이즈를 하고 승부를 하고 싶다고 하겠다.

그리고 지금의 상황에서도 상대가 플럽에서 콜만 하고, 턴에서 레이즈가 나온다면(턴에서 Q가 아닌 어떤 카드가 오픈되어도 결과 거의 비슷), 플럽에서 레이즈를 맞았을 때보다는 훨씬 더 위험하고 어려운 승부임을 명심해야 한다.

♠ 음미해 볼 만한 포커 명언 ♠
신만이 다음번의 카드가 무엇인지 알 수 있다.
Only god knows the next hand.

14. 턴에서 가장 기분 나쁜 카드

여러분은 플롭을 편 후 셋이나, 투페어, 탑페어+굿키커 등의 좋은 핸드를 가지고 있다. 그렇다면 이와 같은 경우에 여러분이 턴(또는 리버)에서 신경 써야 할 카드는 과연 무엇일까? 이것을 확실히 인지하고 있다면 턴에서 오픈되는 카드에 따라 좀 더 정확한 대응을 할 수 있게 되고, 전체적인 게임 운영이 한결 더 수월해진다. 그럼 실전 상황을 통해 어떤 카드가 턴에서 오픈되는 것이 여러분의 신경을 강하게 자극하고, 주의를 요하는지 알아보자.

지금은 어떤 카드가 턴에서 여러분의 신경을 간장 건드리는 카드일까?

지금은 바닥 상 포플은 없고 스트레이트 쪽의 양방(7-8-9-10)을 예상했을 때 6과 J가 가장 신경을 거스르는 카드라고 하겠다(J가 좀 더 기분 나쁘다. A-K-Q-J-10도 가능하므로). 즉, 지금과 같은 상황이라면 일단 턴에서는 여러분이 걱정할 것은 6과 J 밖에 없다고 할 수 있다. 물론 상대가 A-A, 10-10 등을 가지고 있을 수도 있겠지만, 그 상황은 신경 쓸 필요가 없다고 하겠다.

여러분은 어차피 끝까지 죽을 수 없는 상황이기에 만약 지게 된다면 그것은 운명이다. 만에 하나 여러분이 패하는 경우가 발생하더라도 여러분은 이미 도망갈 수 없는 좋은 핸드를 가지고 있기 때문이다(상대가 A-10을 들고 턴에 A나 10이 오픈되는 것도 비슷한 의미).

그러면 ①과 비슷한 경우를 살펴보자

<1-1>

지금은 스트레이트 쪽의 양방을 예상했을 때 앞의 ①의 경우보다 좀 더 머리가 아파진다. 지금은 상대에게서 양방이 나온다고 가정할 때 2가지 경우가 있기 때문이다. 즉, 지금은 손안에 8-10을 가지고 있거나 6-8을 가지고 있을 경우, 두 가지 모두 양방이 된다는 것이다.

따라서 지금과 같은 경우라면 양방을 예상하면 무려 4장의 카드 (5, 6, 10, J)에 모두 신경을 곤두세워야 하는 어려움이 따르게 되므로 그때그때의 분위기와 상대 스타일 등을 감안하여 대응해야 한다.

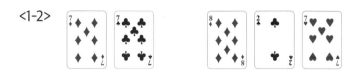

<1-2>

지금은 스트레이트 쪽의 양방을 예상한다는 자체가 큰 의미가 없다고 할 수 있다.

지금은 상대에게서 양방이 나온다고 가정할 때 무려 3가지 경우(손안에 5-6, 6-9, 9-10)가 있기 때문이다. 그렇다면 신경을 써야 할 카드가 6장이 되는 건데 6장을 모두 신경을 쓴다면 정상적인 게임을 할 수가 없다.

따라서 지금과 같은 경우엔 스트레이트의 가능성에 어느 정도 신경을 쓰는 상태에서 턴, 리버에 오픈되는 카드와 상대들의 베팅, 레이즈 상황에 따라 대응해 나가면 된다.

그럼 이번에는 좀 더 복잡한 상황을 알아보자.

②

지금은 여러분이 셋이 아니라 오버페어인 상황이지만 괜찮은 플

168

럽이다. 어찌 됐든 가장 지옥인 A가 오픈되지 않았기 때문이다. 그러나 여러 가지 드로우가 나올 수 있는 플럽이기에 긴장을 늦추어서는 안 되는 분위기다.

그렇다면 지금은 어떤 카드가 턴에서 여러분의 신경을 간장 건드리는 카드일까? 여러 가지가 있겠지만

① 다이아몬드 ② 양방 관련 ③ 10 ④ 5, 8 ⑤ A

대략 이 정도로 요약할 수 있다. 그리고 이 중에서 가장 첫 번째로 여러분이 신경을 곤두세워야 하는 카드는 ①과 ③이라고 하겠다. 특히 여러 명의 승부라면 턴에서 ①이나 ③이 오픈되면 매우 기분이 나쁜 상황임을 명심해야 한다.

이렇게 얘기하면 적지 않은 분들이 "①은 동의하지만 ③은 조금.." 이라는 의구심을 가질 것이다. 하지만 그런 의구심을 가지는 분들이라면 스스로가 아직은 초보임을 증명하는 것이나 마찬가지다.

턴에서 10이 오픈 되었을 때가 비상사태라고 하는 이유는 아주 간단하다. 여러 명의 승부라면 플럽에서 누군가가 탑페어로 들어왔을 가능성을 가장 먼저 염두에 두어야 하기 때문이다. 그렇다면 턴에서 10이 오픈되며 10트리플이 된 것이라는 뜻이다.

그리고 ②는 양방으로 예측을 하더라도 양방의 종류가 너무 많아서(6-7, 7-9, 9-J) 어느 장단에 춤을 출지 너무 어렵기에 어차피 큰 신경을 쓸 수도 없고, ④, ⑤는 약간 신경을 써야 하는 정도로 이해하면 될 것이다.

이번에는 약간 다른 상황을 보자.

③

--양방, 포플 관련은 앞에서 설명-여기선 제외

지금은 여러분이 탑페어인 상황이다. 그렇다면 지금은 어떤 카드가 턴에서 여러분의 신경을 간장 건드리는 카드일까? 양방, 포플은 앞에서 이미 언급했으므로 제외하고, 당연히 클로버나 A, 9(상대-10-J-Q-K일 때), 또는 J, 3(상대-트리플) 정도이다.

그런데 턴에서 3이 떨어지면 트리플이 약간 신경 쓰이는 점도 있지만, 상대가 트리플이 아니더라도 여러분으로선 매우 김이 새는 상황이다. 왜 그럴까?

턴에서 3이 떨어지면 그 순간 상대가 K를 가지고 있으면 여러분이 이기는 시나리오는 없어지기 때문이다. 즉, 여러분은 K탑페어에 10이라는 괜찮은 키커를 가지고 있었는데 바닥에 3페어가 되며 10이라는 키커가 쓸모 없어진 것이다.

쉽게 말해 3이 떨어지는 순간, 여러분의 카드는 K-3투페어에 키커 J가 되어버린 것이라는 이야기다. 따라서 상대의 핸드가 만약

① K-9이하 라면 --- 무승부 --- 두 사람 모두-K-3투페어에 키커 J
② K-Q, K-A라면 --- 여러분의 패배 --- 상대는 K-3투페어에 키커 Q(또는 A)이다.

②이었다면 어차피 져야할 상황에서 지는 거지만, ①의 상황이라면 이길게 무승부가 된다는 것이다. 다시 말해 상대가 K를 가지고 있으면 여러분이 이길 길이 완전히 사라져 버리는 매우 우울한 일이 발생하는 것이다. 지금의 상황도 실전에서 꽤 자주 발생하므로 참고삼아 알아두기 바란다.

다음 상황을 보자.
여러분의 핸드가 ♣5-♣6이다. 그리고 플럽에서 바로 스트레이트 메이드가 된 환상적인 상황이고, 아래의 ①, ② 모두 플럽에선 넛스트레이트이다. 이런 상황에선 턴에서 어떤 카드가 오픈되면 넛이 무너질까?

①

--턴에서 5, 6만 아니면 계속 넛(페어, 플러시 제외)

②

--턴에서 5, 6, 9, 10, J 오면 넛 안 됨(페어, 플러시 제외)

15. 드로우(Draw)바닥에선 공갈이 없다

필자가 홀덤을 배운지 얼마 지나지 않은 시절, L.A 커머스에서 벌어진 5/10 게임.

필자(UTG) 　　　상대(CO)

--상대가 프리플럽 빅블 4배(40) --필자(콜) ------ 1 : 1 승부

필자(체크)-상대(60)-필자(콜) --팟=205, 스택--필자(1500), 상대(1600)

둘 다 체크

필자=170, 상대=레이즈, 170받고 330더(남은 칩 1,100)

---- 필자-콜== 상대 (하A-클K)

330레이즈 후, 둘 중 한명이 거의 올인의 상태였다면 콜을 할수도 있겠지만 지금은 서로 돈이 많은 상황이었기에 거의 지는 승부라고 봐야 한다. 상대의 입장에서도 리레이즈를 맞을 수 있기에 넛플러시가 아닌 한 레이즈를 하기는 어려운 상황이었기 때문이다. 그런데 필자는 큰 고민도 없이

"턴에서 체크굿을 했는데, 설마 저기서 ♥A가 나오겠어?"

라는 황당하고 안일한 판단을 했던 것이다. 물론 홀덤을 배우기 시작한 초기였기에 범한 실수였지만, 지금 돌이켜보면 부끄러운 플레이였다.

다음 사연을 보자. 필자가 진행하는 유튜브 방송에서 '중도'라는 회원이 소개했던 사연이다. 2/5게임. 중도님은 미국 애틀랜타에 거주하는 분으로 아마추어 홀덤 매니아이다.

중도님(CO)의 핸드는 ♣A, ♣7이 있다.

프리플럽-UTG:20

--중도(20에 20더)--다 죽고 UTG만 콜 --- 1:1 승부

--플럽--  --UTG(100)-중도(콜)

--팟=247 --- 스택--UTG(1200), 중도(750)

--턴-

--- 둘 다 체크

--리버-

--UTG(체크)--중도(200)--UTG(레이즈-올인(200받고 1000더)

여러분이라면 이때 어떻게 하시겠습니까?

현재 중도님 남은돈=550

지금은 플럽에서 다이아몬드 2장이 오픈되었고, 더구나 바닥이 이미 스트레이트 메이드이기 때문에 플러시가 아니라면 리버에서 레이즈를 하는 것(더구나 올인)은 거의 불가능한 상황이라고 봐야 한다. 따라서 숨도 안 쉬고 무조건 죽어야 할 상황이다. 7-8은 물론, 낮은 플러시도 승부가 어려운 그런 상황이기 때문이다.

그런데 중도님은 콜을 하였으며 결과는 당연히 패배. UTG의 핸드는 ◆K, ◆J였다.

그런데 중도님은 7-8도 아닌 7을 가지고 콜을 하는 이해하기 힘든 플레이를 했다. 반성을 많이 해야 할 것으로 생각된다.

그렇다면 중도님이 가장 잘못 플레이한 것은 어느 부분일까?

1. 플럽 오픈 후 상대 베팅했을 때-죽을 타임. 승부가 되려면 턴에 A 또는 5가 와야 하는데 둘 다 찝찝, 불안. 큰 돈 들이고 승부할 이유 전혀 없다.

㉠ A오면 A페어 되지만 바닥 A-2-3-4 (상대 5 있으면 진다)

㉡ 5가오면 스트레이트 되지만 바닥 2-3-4-5 (상대 6 있으면 진다) 아니면 턴, 리버 계속 클로버 와야-희박한 가능성(약 4%)

물론 턴에 A나 5가 온다면 승산이 어느 정도 이상 보장된다고 할 수 있지만, 아주 개운하지 않기에 그만큼 승부할 가치가 떨어진다는 것이다.

2. 리버에서 레이즈 맞았을 때–무조건 폴드해야…

전반적으로 중도님의 플레이가 여러 가지 문제점이 있지만, 가장 결정적인 실수는 플럽이 오픈된 후 상대가 베팅하고 나왔을 때 죽었어야 한다는 점과, 리버에서 레이즈를 맞았을 때 무조건 죽었어야 하는 점이라고 말하겠다.

필자와 중도님의 사연으로 설명했듯이, 리버에서 바닥에 포플이거나 스트레이트 4장(지금은 바닥 스트레이트–비슷한 의미)일 때, 여러분이 베팅했는데 상대에게서 어느 정도 이상 금액으로 레이즈가 나오고, 서로가 돈이 많은 경우에는 거의 공갈이 없다는 사실을 명심해야 한다. 아니 공갈이 없을 뿐 아니라 거의 무조건 넛이라고 생각해야 한다. 상대의 입장에서도 리레이즈를 맞을지도 모르기에 넛이 아닌 한 레이즈하기 어렵기 때문이다.

16. 리버(River)는 없다고 생각해라

세븐오디, 로우바둑이, 그리고 여러 가지 하이로우 게임의 실전 이론을 설명할 때 마다 아주 특별한 경우를 제외하곤 마지막 카드에 기대하며 역전을 노리는 운영을 해서는 눈물이 마를 날이 없다고 입이 아프도록 주장해 왔다. 그리고 이 이야기는 홀덤에서도 결코 예외일 수 없다. 리버에 역전을 기대하는 운영을 즐겨서는 험하고 험한 홀덤 세계에서 절대로 만수무강할 수 없다.

리버에 역전을 기대하는 운영을 하지 말라고 한다면 턴에서는 역전을 노려도 된다는 것인가? 여러분은 어떻게 생각하시는지?

그렇다. 턴은 받아도 되고, 또 실제로도 받을 가치가 있다. 과연 그 이유는 무엇일까?

리버보다 턴이 뜰 확률이 높아서 일까?

리버보다 턴이 비용이 덜 들기 때문일까?

뜰 확률이 높다는 것은 말이 안 되지만, 비용이 덜 든다는 것은 분명한 사실이다. 하지만 리버는 기대하지 말아야 하지만 턴은 받아도 좋다고 말하는 데는 훨씬 더 크고 중요한 이유가 있다. 리버에서보다 턴에서 투자하는 것이 매우, 대단히 더 투자 가치가 높기 때문이다.

턴에서는 베팅이 2번 더 남아있기에 원하는 카드가 오기만 하면 어느 정도 이상의 배당을 보장 받는다고 해도 과언이 아니다. 큰 장사가 될 가능성이 상당히 높다는 것이다. 하지만 리버에선 원하는 카드를 뜨더라도 베팅이 1번밖에 남아있지 있기에 투자액 대비 많은 배당이 보장되어 있지 않다.

물론 턴에서 뜨는 것보다 리버에 뜨는 것이 더 큰판을 이길 수 있는 것은 틀림없지만 그것은 배당이 좋은 것이 아니라 여러분이 돈이 이미 많이 들어가 있기 때문이라고 생각해야 한다. 그렇기에 투자액 대비 부가가치가 리버보다 턴이 훨씬 더 크다는 점을 잊어서는 안 된다.

그러면 실전 상황을 통해 좀 더 상세히 알아보도록 하자. 아래의 모든 예는 플럽까지 상대가 판을 리드하고 있는 상황이다.

\<CASE 1>

- 7 또는 6을 턴에서 뜨면 승부된다.
- 상대는 K 있으면 턴에서 웬만하면 베팅한다.
- 좋은 레이즈 찬스이고, 리버에서 베팅 한 번 더 남아있다.

-7 또는 6을 리버에서 뜨면 승부된다.

-상대는 K 있어도 상황에 따라 베팅 안할 수도 있다.

-레이즈 찬스 보장되어 있지 않고, 마지막 베팅이다.

\<CASE 2\>

- 턴에 ♥오면 이길 가능성 매우 높다.

- 상대는 K 있으면 응수타진의 의미로 웬만하면 베팅하고 싶다.

- 굿 찬스(레이즈).

- 리버에 ♥오면 이길 가능성 매우 높다.

- 상대는 플러시 아니면 K 있어도 베팅하기 쉬시 않다.

<CASE 3>

- 턴에 5오면 넛 스트레이트, 10오면 써드 스트레이트.
- 상대는 K 있으면 웬만하면 베팅--굿 찬스(레이즈).

- 리버에 5오면 넛 스트레이트, 10오면 써드 스트레이트.
- 상대는 K 있어도 상황에 따라 베팅 안할 수도 있다.

3가지 예에서 보듯이 턴에서는 원하는 카드를 뜨면 어느 정도 이상의 배당이 거의 보장되어 있다고 할 수 있다. 하지만 리버에선 원하는 카드를 떠도, 경우에 따라 상대가 체크를 하고 여러분이 베팅을 하면 상대가 폴드를 하는 경우도 얼마든지 생길 수 있기에 턴과 비교했을 때, 투자액 대비 부가가치가 많은 차이가 난다는 것을 쉽게 알 수 있다.

물론 이때 턴이나 리버에서 원하는 카드를 뜨고도 지는 일도 있을 수 있겠지만 그것은 어쩔 수 없다. 그런 경우라면 애초부터 이기는 길이 없는 상황이었기에 진작 패를 던지는 방법뿐이다.

여러분의 홀덤 인생이 추운 겨울에서 벗어나 따뜻한 봄을 맞이하려면, 아주 특별한 경우가 아닌 한 리버에 역전하려는 운영은 지금 이 순간 이후로 여러분의 머릿 속에서 영원히 지워버려야 할 것이다.

♠ 음미해 볼 만한 포커 명언 ♠

좋은 패는 딜러가 주지만, 이기는 패는 자신이 만든다.
A good hand is given by the dealer,
but a winning hand is made by oneself.

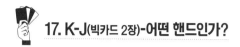

17. K-J(빅카드 2장)-어떤 핸드인가?

빅카드 2장. 홀덤을 대표하는 좋은 핸드이다. 모든 플레이어들이 좋아하고 많은 매력을 가지고 있다고 인정하는 훌륭한 핸드지만 큰 함정도 함께 가지고 있다는 사실을 절대로 잊어서는 안 된다.

다시 말해 매력도 많지만 그에 반해 하수들이 가장 많이 실수하고 큰 피해를 입을 가능성이 높은 시한폭탄 같은 핸드이기도 하다는 뜻이다.

필자 역시 홀덤을 배운 초기에는 이 핸드(빅카드 2장-이후 K-J로 표현)로 많은 아픔을 겪고 많은 눈물을 흘렸다.

이상하게도 K-J를 가졌을 때, 탑페어가 되면 작은 판에선 이기고 큰판에선 대부분 지는 일이 많았다. 그래서 그때마다

"쐬복 더럽게 없네."

"재수하곤 남이네."

라며 운 타령만 했었는데 차츰 시간이 지나며 그런 현상이 일어나는 게 K-J라는 카드를 잘못이해 한 필자의 실력 부족 때문이라는 사실을 깨달았다.

필자가 홀덤을 배운지 얼마 되지 않았던 시절의 일이다. 당시에는

라스베이거스의 벨라지오에서 게임을 하던 시기였는데 그곳에서 게임을 하던 재미교포 남자 한사람(이후 M으로 표현)을 알게 되었다. 필자보다 10년 정도나 어렸을까? 필자보다 어린 친구였는데 상당히 좋은 성적을 내는 일류 실력자였다.

시간이 지나며 조금씩 친해졌는데, 어느 날 M의 게임을 뒤에서 구경하게 되었다. M의 플레이를 유심히 지켜보며 시간이 지나던 중 M에게 A-Q (다른 무늬)가 들어왔다. 그때 M의 포지션이 중간 정도였는데 앞의 언더더건의 위치에 있는 플레이어가 먼저 빅블라인드의 4배 정도로 판을 키우고 나왔다. 순간 필자는

"콜만 하나? 레이즈가?"

큰 관심을 가지고 M의 플레이를 지켜보았다. 그런데 M은 거의 망설임 없이 카드를 던지는 것이었다. 별 고민도 하지 않고 폴드했다는 것이다. 순간 필자는

"어? 이게 뭐야? 여기서 저 카드를 어떻게 던져?"

라고 느끼며 큰 충격을 받았다. 레이즈를 할지 안할지가 의문이었을 뿐, 폴드한다는 건 생각조차 못했기 때문이다. 그러면서 한편으론

"카드를 잘못 본건가?"

라는 의구심까지 들 정도였다. 아마 이 책을 읽는 모든 분들이 필자와 비슷한 생각이리라. 그래서 나중에 M에게

"어떻게 그 상황에서 그걸 던지냐?"

고 물어보았더니, M은

"콜해 봐야 뒤에서 레이즈 나오면 머리 아프고, 그리고 오늘은 그 카드(A-Q)가 나하고 잘 맞는 거 같지도 않고 해서 던진 건데 그게 뭐가 이상하냐?"

아무렇지도 않게 말하며 오히려 필자가 이상하다고 느끼는 표정이었다.

M의 말을 듣고도 필자는 도무지 이해할 수가 없었다. 그때까지 해왔던 필자의 플레이와, K-J (빅카드 2장)라는 카드에 대해 가지고 있던 상식으로는 있을 수 없는 일이라 느꼈기 때문이다.

그러나 나중에 집에 와서 곰곰이 생각해본 끝에 그 이유를 알 것 같은 기분이 들었다. 그때까지만 해도 필자는 K-J라는 카드는 프리플럽에서 레이즈가 나와도 죽을 수 없는, 아니 죽으면 큰일 나는 핸드로까지 생각했었는데 불현 듯 그 생각이 잘못되었던 것은 아닐까? 하는 의문이 들었던 것이다. 그리고는 시간이 좀 더 지나가며 필자는

"아~~, K-J라는 카드가 이런 거구나~!!"

라는 나름의 깨달음을 얻었다.

그러면서 지금껏 K-J를 가지고 작은 판에선 이기고 큰판에선 대부분 지는 일이 많았던 이유를 알게 되었다. 그 이유는 K-J라는 카드를 잘 못 이해했던 필자의 실력부족이었던 것이다. 즉, 그 당시까

지 필자는 K-J라는 핸드에 대해

① 프리플럽에서 못 죽는다(아주 심한 레이즈 제외).
② 플럽에서 탑페어가 되면 (특별 상황을 제외하곤) 끝까지 못 죽는다.

라는 너무도 어리석은 생각을 가지고 있었던 것이다.

그 이후 K-J라는 카드를 나름대로 이해하기 시작하며 성적이 훨씬 좋아졌고, 동시에 홀덤게임의 기본 맥과 흐름을 깨닫기 시작했다. 그러면서 얻은 중요한 결론은 K-J를 가지고 포지션이 나쁠 때는

① 프리플럽에서 어느 정도 레이즈가 있다면 언제든지 죽을 수 있다.
② 빅블라인드 금액에 콜만 해도 아무 상관없다 (굳이 레이즈할 필요 없다는 의미).

즉, K-J라는 카드는 프리플럽에서 얼마든지 던질 수 있고, 의무감 비슷한 것에 의해 판을 키울 필요도 전혀 없다는 것이다. 그리고 또 한 가지, K-J라는 카드는 상당히 매력 있지만, 동시에 상당히 위험한 카드라는 사실도 깨달았다.

그러면 과연 왜 K-J라는 카드를 가지고 있을 때, 플럽에서 탑페어가 만들어지면, 작은 승부에선 이기는데 큰 승부에선 거의 지게 되는지 실전 상황을 통해 그 이유를 알아보도록 하자.

\<CASE 1\>

9명 게임. 상대가 프리플럽에서 레이즈(빅블 4배)-3명 승부
--여러분 베팅위치 앞

여러분

　플럽 오픈 후 여러분이 체크를 하자 상대 베팅-여러분 콜로 응수
(여기서 레이즈를 할 수도 있지만 그 부분은 뒤에서 다루겠다). 나머지 1명의 상
대는 폴드했다. 그리고 나서 그림에서 보듯 턴, 리버에서 계속 평범
한 카드가 떨어졌다.
　턴에서도 여러분은 체크, 상대 베팅, 여러분 콜. 리버에서도 여러
분이 체크를 하자 상대는 계속 베팅을 하고 나왔다. 여러분은 여기
서 어떻게 하시겠는가?

만약 여러분이 이기려면 상대가 어떤 카드를 가지고 있어야 할까?

공갈을 제외하곤 J-Q, J-10, J-9, 10-10 정도 밖에 없다고 봐야한다. 그런데 어느 정도만 게임을 해본 사람이라면 이런 카드를 가지고는 특별한 상황이 아니라면 리버에선 베팅을 하지 않는 것이 보통이고, 또 그게 정상적인 운영이다 (아주 조그만 판이라면 리버에 베팅을 할 수도 있다).

하지만 여러분은 탑페어+굿키커를 가지고는 웬만해선 끝까지 안 죽는다. 따라서 상대가 도중(턴, 또는 리버)에 꼬리를 내리면 여러분이 이기는 승부지만, 끝까지 베팅이 나오면 (상대가 공갈을 시도한 게 아닌 한) 여러분이 이기는 시나리오가 쉽게는 만들어지지 않는다.

결국 이것은 여러분이 이길 땐 작은 승리, 질 땐 큰 피해를 입는 것을 의미하는 것이기에 리버에서도 상대가 계속 베팅을 해오면 죽어야 할 경우가 훨씬 많은 것이 틀림없는 사실이다.

그러나 거의 대부분의 하수들은 탑페어에 좋은 키커를 가지고 있으면 웬만해선 죽지 않으려 하고, 또 죽으면 안 된다는 너무도 위험한 신념을 가지고 있기에 큰 피해를 입을 수밖에 없다. 그리고 실제로도 리버까지 와서 죽기는 싫은 기분이 드는 것도 사실이다.

다음 상황을 보자.

<CASE 2>

9명 게임. 상대(S)-프리플럽에서 레이즈(빅블 4배)-3명 승부
--여러분 베팅위치 가장 앞

여러분

　플럽 오픈 후 여러분이 체크를 하자 S가 베팅-1명은 폴드, 여러분
은 콜로 응수. 그리고 나서 그림에서 보듯 턴, 리버에서 계속 평범한
카드가 떨어졌다.
　턴에서도 여러분은 체크, S가 베팅, 여러분 콜. 리버에서도 여러분
이 체크를 하자 S 가 계속 베팅을 하고 나왔다. 여러분은 여기서 어
떻게 하시겠는가?

　만약 여러분이 이기려면 상대가 어떤 카드를 가지고 있어야 할까?

공갈을 제외하곤 K-10, K-9, Q-Q, J-J 정도 밖에 없다. 그런데 앞에서도 언급했듯이 어느 정도만 게임을 해본 사람이라면 이런 카드를 가지고는 거의 대부분 리버에서 베팅을 하지 않는다는 사실을 명심해야 한다(아주 조그만 판 제외).

\<CASE 3\>

9명 게임. 상대(S)-프리플럽에서 레이즈(빅블 4배)-3명 승부
--여러분 베팅위치 가장 앞

여러분

턴, 리버까지 계속 베팅이 이어지고 여러분이 이기려면 상대가 어떤 카드를 가지고 있어야 할까?

공갈을 제외하곤 Q-9, Q-8, 10-10 정도 밖에 없다.

앞의 3가지 예에서 보듯이 K-J와 같은 핸드를 가지고 있을 때, 탑 페어 승부가 불안하고 남는 게 없다면, 도대체 어떤 플럽이 오픈되어야 할까?

K-J(빅카드 2장)과 같은 핸드는 끝까지 해볼 만 한, 자신 있는 승부가 되려면 플럽에서 원하는 카드 2장 이상 오픈되어야 한다는 것을 느낄 수 있으리라.

그렇다면 ♠K, ♥J를 가지고 있을 때 여러분은 어떤 플럽을 원하시는지?

ⓐ ---6/50 x 3/49 x 3=약 2.2% (투페어)

ⓑ ---3/50 x 2/49 x 3=약 0.7% (J트리플)

ⓒ ---3/50 x 2/49 x 3=약 0.7% (K트리플)

ⓓ ---8/50 x 4/49 x 3=약 4% (양방)

총 약 7.6%-약 13판에 1판

ⓐⓑⓒ : 거의 승리 확실하지만, ⓑⓒ는 큰 승리 쉽지 않다.

ⓑⓒ : 상대가 같이 트리플이 되지 않는 한 큰 승부 잘 안 만들어 진다는 뜻.

ⓓ : 가능성 많다(32%), 큰 승리 줄 수 있는 매력적인 상황.

비슷한 핸드 = A-J, A-10, K-Q, K-10, Q-J, Q-10 (같은 무늬=플러시 가능성 약 6.4% 추가).

앞서 언급했듯이 프리플럽에서 빅블라인드의 4배 베팅에 A-Q (다른 무늬)를 던졌던 재미교포 친구의 운영이 무조건 맞고 무조건 따라하라는 것은 결코 아니다. 어찌 보면 죽는 게 오히려 잘못되었다고 느낄 사람이 더 많을 것이다. 그렇기에 단지 한번 음미해볼 필요가 있다는 정도로 받아들여도 좋다.

결국 선택은 그때그때의 분위기, 자금상황, 베팅위치, 승부의 흐름, 상대들의 스타일 등등 모든 상황을 감안하여 여러분 스스로가 결정해야 하기 때문이다.

그러나 K-J로 승부할 경우, 여러분이 탑페어가 되었을 때 상대가 리버까지 계속 강하게 나오면 이기기 어려운 승부임을 감지하고 향후로는

"탑페어에 키커가 좋은데 어떻게 죽어?"

라는 식의 고집을 버리고, 상황에 따라 매우, 상당히 아쉽더라도 승부를 포기해야 할 경우가 생각보다 많다는 사실을 이제는 깨달아야 한다.

결국 K-J라는 카드는 다음의 3가지로 특징을 요약할 수 있다.

① 프리플럽에서 아무도 레이즈를 하지 않고, 포지션이 좋으면 판 키울 수 있다. 하지만 상대가 먼저 판 키우고 나오면 언제든 무조건 승부하는 핸드는 아니라는 사실을 명심해야 한다(특히 베팅 위치 나쁠 때는 더욱).

② 탑페어가 되었을 때 분위기 이상하면 던질 수 있다. 탑페어로 끝까지 가는 승부는 득보다 실 많다. 작은 승부는 이기고 큰 승부는 지는 경우가 많다는 뜻인데 그것은 언제든 죽기 싫은 기분이 들기 때문이다.

③ 특별한 경우 아니면 너무 큰 욕심 내지 마라.
탑페어가 되는 것은 기본적으로 큰돈을 먹을 수 있는 핸드가 아니다. 그렇기에 고수들은 플럽에서 탑페어가 되는 것보다 양방이 되는 것을 더 선호하기도 한다. 양방은 운영하기 깔끔하고 편한 반면, 탑페어 승부는 계속 불안하고, 큰 승부에선 득보다 실이 우려되기

때문이다.

그러나 하수들은 탑페어가 되면 웬만해선 안 죽으려 한다. 상대가 강하게 나와도 잘 인정하지 않는다는 것이다. 그 이유는 무엇일까?

첫째는 자신이 가지고 있는 패가 어느 정도 승부가 된다고 믿고, 둘째는 죽을 수 없는 좋은 핸드라는 잘못된 생각을 가지고 있고, 셋째는 '상대를 인정하지 않아야 이길 수 있는 길이 있다'는 너무도 어리석은 생각을 가지고 있기 때문이다.

그러나 이런 생각을 버리지 않는 한 영원히 상대들의 만만한 사냥감에서 벗어날 수 없다는 사실을 이제는 깨달아야 한다.

♠ 음미해 볼 만한 포커 명언 ♠

행운이란 실력을 갖춘 사람에게 주어지는 신의 선물.
Luck is a god's gift for those who are ready.

1 베팅위치가 어디든 상관없이 플레이 똑같다

2 상대의 자금 상황을 체크하지 않는다

3 빅카드 2장이면 프리플럽에서 죽지 않는다

4 좋은 족보를 잡으면 거의 죽는 법이 없다

5 탑페어만 되면 죽지 않는다

6 레이즈가 적고, 콜이 많다(끌려 다닌다)

7 팟에 이미 들어간 자기 돈을 아까워한다

8 빅페어면 프리플럽에서 광분한다

9 팟오즈를 생각하지 않는다

10 포플을 좋아하고, 양방은 경시한다

18. A-A(K-K)의 프리플럽 운영법

A-A를 가리켜 'Dream Hand'라고 할 정도이다. 그런 만큼 A-A (K-K)를 가지고 만약 지는 상황이 되면 거의 무조건 대형 참사가 된다는 사실을 절대로 명심, 또 명심해야 한다. 그리고 A-A는 아주 특별한 경우를 제외하고는 어떤 상황에서도 던지기 싫은 핸드이기에 많은 주의가 필요하다는 점을 우선 분명히 말씀드린다. 특히 미국이나 서양 사람들은 우리나라 사람들보다 훨씬 더 A-A를 안 던지는 것 같았다.

이처럼 어려운 승부라고 스스로 감지하면서도 잘 던지지 않으려 하는 현상을 'A-A MAGIC에 걸렸다'고 표현하기도 한다. 그럼 A-A가 들어왔을 때 프리플럽에서 어떤 식의 베팅이나 레이즈가 좋은지 살펴보자.

여러분 --- C.O의 위치에서 A-A를 잡았다 --- 5-10 게임 --- 9명
-프리 플럽--상대(+1)--40으로-- +3(콜), H.J(콜)
--여러분의 순서이다

누구라도 레이즈를 하고 싶은 상황이 틀림없다. 그렇다면 어느 정도가 적당할까? 여러분이라면 어느 정도 금액을 레이즈 하고 싶으

신지?

40 받고 80~120 더 정도? 120~200 정도? 그 이상? 아예 올인?

이것은 너무도 어리석은 질문이다. 테이블 분위기, 상대들의 스타일, 자금 상황 등등에 관한 정보가 전혀 없이 레이스 금액을 결정한다는 건 넌센스이기 때문이다.

그렇기에 어떤 선택을 하든 그것은 현장에서 여러분이 직접 결정해야 할 오직 여러분의 몫이다. 단지 한 가지, 여러분이 반드시 알고 있어야 할 아주 중요한 포인트는 바로 프리플럽에서 지나치게 큰 공포감을 조성하지 말라는 것이다.

고수들은 A-A를 가지고 있을 때 프리플럽에서 지나친 공포감을 조성하기보다는 적당한 선에서 판을 키우고(상대를 1~2명 정도 데리고 간다는 생각으로-상황에 따라), 플럽이 오픈된 후 오버페어를 가지고 있는 상황에서부터 큰 승부를 만드는 운영을 선호한다. 그것이 훨씬 더 큰 선물을 줄 가능성이 높기 때문이다.

물론 앞의 경우처럼 남아 있는 플레이어가 많다든지, 상대들의 스타일과 분위기에 따라 프리플럽에서 공포감을 조성해야 하는 것은 틀림없는 사실이다.

하지만 기본적으로 프리플럽에서 지나치게 큰 공포 분위기를 조성하여 자칫 손님을 다 쫓아버려서는 안 된다는 뜻이다. 그리고 설혹 상대들이 프리플럽에서 다 죽지 않더라도 프리플럽에서 만들었던 큰 공포 분위기의 여운이 턴, 리버로 가며 계속 남아있기에 만족한 성과를 거두기가 만만치 않다는 점을 간과해선 안 된다.

대부분의 고수들은 A-A(또는 K-K 정도까지 포함)는 푼돈을 욕심내는 핸드가 아니라는 생각을 똑같이 가지고 있다. 그렇기에 고수들은 프리플럽에서

① 상대가 프리플럽에서 먼저 판을 어느 정도 키웠고, 상대가 1명이나 2명일 경우에는 콜만 한다(특히 상대 1명일 때, 포지션 좋을 땐 상대 2명이라도 스타일 따라).
② 프리플럽에서 아무도 안 키우면 적당히(4~5배) 키운다.
이와 같은 운영을 선호한다. 그랬을 때 첫째, 상대들에게 특별한 경계 안 받는다.
둘째, 플럽을 편 후 거의 오버 페어가 된다(A-A=100%, K-K=약 75%).

이와 같은 장점을 얻는다. 상대들에게 그저 빅카드 2장 정도 가지고 있는 듯한 느낌을 줌으로써 훨씬 더 효과적인 배당을 노릴 수 있게 된다는 뜻이다.
이처럼 A-A의 프리플럽 운영을 간단히 요약하면

① 상대가 먼저 판 키우면 콜만(상대 2명 이하).
② 아무도 판 안 키우면 조금 키운다(4~5배).

③ 상대 판 키우고 사람 많으면 더 크게 키운다(상대 3명 이상일 때). 단, 특별한 경우 외엔 아주 심하게 키우지는 않는다.

④ 빅블 바로 다음 위치일 때는 콜, 또는 2-3배 정도로만 키운다. 이후 상대들의 레이즈 상황에 따라 재차 대응한다.

좀 전에도 언급했지만 A-A를 가지고 있을 때 매우, 대단히, 몹시 조심해야 할 절대적인 금기 사항은 프리플럽에서 지나치게 판을 키워 상대를 다 죽이거나 큰 공포심 느끼게 하는 운영이다. 자칫 프리플럽에서 상대들이 전멸할 수도 있고, 그렇지 않더라도 그 공포심은 판이 끝날 때까지 유효하므로 여러분이 이길 경우 큰 승부를 만드는데 장애가 되기 때문이다.

그렇기에 이러한 운영은 푼돈을 먹는 데는 도움이 되지만 큰돈을 먹는 데는 결정적 이적행위가 된다는 것이다.

단, K-K는 프리플럽에서 상대가 어느 정도 판을 키웠고 여러 명이 콜을 한 상태라면 이때는 아주 강하게 레이즈를 할 필요가 있다. 돈이 아주 많지 않다면 올인도 충분히 생각해 볼 수 있다고 말하겠다. 상대가 여러 명이라면 'A+빅카드'를 가지고 있는 사람이 있을 가능성이 높기에 그런 상대를 제거하고, 아예 다 죽이든지 1명 정도만 데리고 승부하겠다는 운영이며 이것은 상황에 따라 매우 유력한 방법이 될 수 있다.

그럼 이번에는 여러분이 A-A(K-K)을 가지고 있을 경우, 기분 나쁘고 신경 쓰이는 플럽은 어떤 것들인지 알아보자.

① 3장-상대 하이 카드 가지고 있을 가능성 높기 때문.

② 같은 무늬 3장-그 무늬 A 없을 때.

③ 스트레이트 쪽(특히 높은 쪽일수록 더욱).

④ 상대 트리플 가능성 유의(낮은 페어도 요주의).

여러분이 A-A (또는 K-K 정도까지 포함)를 가지고 있을 때, 프리플럽에서 크게 판을 키우지 않아 만약 상대가 셋이나 트리플, 투페어, 또는 메이드 등등을 잡아 패배하는 경우도 얼마든지 생길 수 있다. 그러나 다음에 올 카드를 미리 알지 못하는 한 그것은 어쩔 수 없는 일이고, 반대의 상황이 되어 여러분에게 큰 승리를 가져다줄 수도 있다는 점을 잊어서는 안 된다. 그렇기에 이후에 어떤 결과가 나오든 모든 것이 게임의 일부일 뿐이라고 받아들여야 한다. 구더기가 무서워서 장을 못 담글 수 없다는 것이다.

A-A는 들어올 확률이 1/221이라는 어려운 가능성이다. 하루에 한두 번 들어올까 말까 할 정도다. 그런데 이렇게 귀한 A-A가 들어왔는데 프리플럽에서 올인이나 또는 큰 레이즈를 하여 상대를 다 쫓아버리거나 큰 승리를 놓친다면 그것은 A-A라는 카드에 대한 예의가 아니다. 그러니 여러분들도 향후로는 푼돈에 욕심내지 말고 큰 승부 노리는 운영을 생각해 보시라고 강력하게 충고한다.

그랬을 때 그 첫 번째 방법은 바로 프리플럽이 아니라 '플럽이 오픈된 후 오버페어의 입장에서 본격적으로 큰 승부 만들기 시작하라'는 것이다.

♠ 음미해 볼 만한 포커 명언 ♠

탐욕은 패배자의 벗이다.
탐욕은 승자를 패자로 바꾼다.
Greed is a loser's ally. Greed turns winners into losers.

19. 프리플럽 운영-어떤 핸드, 어떤 식으로?

1. 페어일 때(A-A(K-K)는 단락 18 참고)

① Q-Q, J-J, 10-10일때

상황에 따라 본인이 선택해야 하지만 기본적으로 어느 정도 이상 판을 키우는 것이 필요하다. 단, 플럽을 편 후 셋이나 오버페어가 되지 못한 상황(바닥에 더 높은 숫자가 오픈 된 경우)이나, 또는 플러시나 스트레이트 쪽의 플럽이 오픈 되었을 때, 상대 스타일이나 그때그때의 분위기, 자신의 포지션 등에 따라 매끈하게 대응해나갈 실력을 갖추기 전에는 프리플럽에서 지나치게 판을 키우는 운영은 자제하라고 말하겠다. 즉, 고수가 된 이후에 하고 싶은 대로 프리플럽 운영을 하라는 것이다.

② 미들페어, 스몰페어일 때

기분은 좋지만 플럽에서 셋이 안 되면 속칭 별 볼 일 없는 핸드다. 그러나 플럽에서 셋(약 12%)이라는 엄청난 매력을 가지고 있기에 프리플럽에서 상대가 어느 정도 판을 키우더라도 플럽에서 던지기는 싫고, 던질 수 없는 핸드라고 하겠다.

미들페어, 스몰페어일 때 프리플럽에서의 기본 운영은 아래와 같이 요약하겠다.

ⓐ 포지션 앞이면 판 키우지 않는다. 상대가 아무도 판 안 키우고 포지션 좋으면
　 키워볼 수 있다.
ⓑ 흐름 좋을 때리면 핀 기워 볼 수 있으며, 또 그렇게 하고 싶나.
ⓒ 기본적으론 반드시 판 키워야 한다는 의무감 가지지 마라.
ⓓ 간혹 분위기 바꾸거나 반 공갈의 의미로 아주 세게 판 키워 볼 수 있지만, 뒷수
　 습 매끄럽게 할 정도의 실력 갖춘 후에 시도해라.

그리고 만약 여러분이 포켓 페어를 가지고 있는데

앞의 그림처럼 플럽에 오버카드가 2장 이상 오픈되면 기본적으로
'못 먹었다'고 받아들여야 한다. 그리고 이때 특별한 경우가 아니라
면 턴, 또는 리버에 셋을 기대하는 운영은 절대 금물이다.
　그런데도 어리석은 하수들이 '셋만 떨어지면 잭팟이야!'라며 혹시
나 하는 마음에 턴, 리버까지 포기하지 않고 승부를 계속하려 하니
너무도 위험하고 안타까울 뿐이다.

2. 빅카드 2장일 때(특히 다른 무늬)

'K-J(빅카드 2장) 어떤 핸드인가?' 단락에서 이미 언급했듯이 많은 장점과 매력을 가지고 있는 반면 많은 위험도 동시에 가지고 있는 핸드다. 즉, 플럽에서 탑페어가 되었을 때 작은 승부에서는 거의 이기지만, 큰 승부가 되면 패배할 확률이 훨씬 높고 큰 피해로 이어지기 쉽다는 뜻이다.

대부분의 하수들이 빅카드 2장(이후 빅2로 표현)은 프리플럽에서 던질 수 없는 핸드라는 잘못된 생각을 고정관념처럼 가지고 있다. 그러나 이제부터 빅2(특히 다른 무늬)는 프리플럽에서 어느 정도의 레이즈가 나오면 언제라도 던질 수 있는 핸드라는 생각을 가져야 한다. 포지션이 나쁠 때 더욱 그렇다. 그중에서도 A-10, K-10 등은 크게 아까워할 핸드도 아니라고 말하고 싶을 정도다.

물론 A-K, A-Q 정도라면 프리플럽에서는 어느 정도의 레이즈가 나오든, 포지션이 어디든 던질 수 없다는 데는 동의한다.

그렇다면 여러분이 빅2(다른 무늬)를 가지고 있을 때 프리플럽에서 어떤 운영을 해야 할까?

① 포지션 앞일 때(SB, BB, UTG)
- 앞서서 판 키우지 마라.

- 상대가 뒤에서 판을 키우면 콜을 해도 좋고, 죽어도 좋다(본인 선택).

② 포지션 중간일 때(+1, +2, +3, LJ)
- 앞에서 판을 안 키웠으면 상황 봐서 키울 수도 있고, 안 키워도 상관없다.
- 앞에서 판을 키우면 콜하고 싶고, 뒤에서 판을 키우면 콜이든, 죽든 둘 다 가능.

③ 포지션 뒤일 때(HJ, CO, BTN)
- 앞에서 판을 안 키웠으면 무조건 키우고 싶은 찬스.
- 앞에서 먼저 판을 키웠으면 콜만 하고 싶다. 죽을 순 없고, 3벳은 모험.

이 밖에 상황 변화에 따른 여러 가지 변수가 있지만, 특별한 경우가 아니라면 앞에서 나타난 기준을 참고로 하는 것이 조금 수비적이고 안전한 운영이라고 할 수 있다.

그렇기에 게임 흐름이 괜찮다거나, 상대들의 스타일에 따라 좀 더 공격적인 운영이 유력할 때도 있는 것은 사실이다. 하지만 기본적으로 빅2는 프리플럽에서 광분하거나, 절대 던지지 못할 정도로 아주 좋은 핸드라는 인식은 버리기 바란다.

3. 미들 슈티드 커넥터(Middle Suited Connectors) 일 때

예)

꽤 매력 있는 핸드임에 틀림없다. 이런 종류의 핸드는 플럽이 잘 맞으면 빅카드 2장 같은 종류의 핸드보다는 독야청청할 가능성이 많다고 볼 수 있다. 2장 모두 낮은 카드이기에 상대도 함께 비슷한 카드를 들고 있을 가능성이 떨어지기 때문이다.

그런데 이런 핸드는 플럽에서 탑페어가 되기를 바라고 승부하는 카드가 아니라는 점을 꼭 기억해야 한다. 물론 탑페어가 되는 것이 나쁘다는 뜻은 아니다. 단지 낮은 숫자이기에 탑페어가 되어도 끝까지 불안하다는 뜻이다.

그러므로 이런 종류의 핸드는 기본적으로 플럽에서 양방, 포플, 투페어, 트리플 등을 기대하는 카드라고 생각하는 마음가짐이 필요하다.

7-8 같은 핸드는 여러 가지 매력을 가지고 있기에 고수들이 선호하지만 초, 중급자들이 고수들의 운영을 함부로 따라 해서는 매우 위험하다.

고수들은 상황 변화에 따라 매끄럽게 대응할 실력을 가지고 있기 때문에 프리플럽에서 이런 종류의 핸드로 판을 자주 키우지만, 초, 중급자들은 매끄러운 대응능력을 못 가지고 있기 때문이다. 자칫 멋을 부리다가 한판에 대형사고가 날 수도 있다는 것이다.

그러면 7-8 같은 핸드가 들어왔을 때 프리플럽에서의 운영에 대해 간단히 알아보자. 좀 더 상세한 부분은 바로 뒤의 '♦7-♦8 어떤 핸드인가?' 참고.

◆ 위치 앞일 때

ⓐ 상대가 어느 정도는 판 크게 키워 와도 승부할 수 있다(특히 같은 무늬).

ⓑ 흐름 나쁠 때 : 위치 나쁘고 상대 판 키우면 던질 수도(특히 상대 숫자 적을 때)

ⓒ 스몰, 빅일 때 : 다들 안 키우면 키워 볼 수도(특히 같은 무늬일 때–위치 나쁘므로 안 키워도 무방).

◆ 위치 뒤일 때

ⓐ 앞에서 판 어느 정도 키우더라도 플럽에서는 죽기 싫다(특히 여러 명 승부일 때).

ⓑ 앞에서 판 안 키우면 웬만하면 판 키워도 좋다(의무는 아님).

ⓒ 포지션 좋으면 아주 강한 레이즈(특히 같은 무늬) 할 수도 있다. 단, 플럽 이후 상황 변화에 따라 매끄럽게 수습할 자신 있는 실력 갖추었을 때 시도해라.

이처럼 7-8 같은 카드는 특별한 상황 외엔 플럽을 보고 싶다고 생각해도 괜찮을 정도로 많은 매력을 가지고 있다. 그래서 실제로 고수들이 선호하는 핸드 중 하나이다.

지금까지 '페어일 때', '빅카드 2장일 때', '미들 슈티드 커넥터일 때'로 구분하여 프리플럽에서의 대응에 대해 간단히 알아보았다. 그랬을 때 결국 프리플럽에서의 베팅이나 레이즈는 초기 기세 싸움, 주도권 싸움, 응수타진, 판 키우기 등등 여러 가지 의미를 가지고 있으며, 프리플럽 운영의 중요 포인트는

① 베팅 위치, 승부의 흐름, 자금 상황 등에 따라 선택 크게 달라진다.
② 빅카드 2장 - 프리플럽 무조건 못 죽는 핸드 아니다(특히 위치 앞일 때).
③ 포켓 페어(A-A, K-K 제외, Q-Q는 선택)는 플럽에서 셋 안 되었을 때 확실 대응 터득하기 전엔 지나치게 판 키우지 마라.
④ 미들(슈티드) 커넥터 - 웬만한 분위기에선 플럽 보고 싶은 매력 있는 핸드다.

이 4가지 정도로 요약할 수 있다.

20. ◆7-◆8 어떤 핸드인가?

빅 카드 2장 못지않게 매력 있고 장점 많아 고수들이 매우 선호하는 핸드 중 하나다.

기본적으로 기대할 것 많고, 플럽 안 맞으면 쉽게 던질 수 있다는 특징이 있다. 또한 대부분의 플레이어들이 하이 카드를 먼저 예상하기 때문에, 플럽이 잘 맞으면 독야청청할 가능성이 높으면서도 상대들로부터 큰 견제를 안 받을 수 있다.

만약 여러분이 ◆7-◆8을 가지고 있다면 어떤 플럽을 원하시는지?

물론 플럽에서 바로 풀하우스나 플러시, 스트레이트 등이 메이드된다면 더 말할 나위 없겠지만 그것은 너무나 어려운 가능성이다. 그렇기에 그 정도의 완벽한 상황을 제외하고는 아래와 같은 플럽이 오픈된다면 최상이라고 할 수 있다.

그렇다면 여기서 여러분은 턴에서 어떤 카드가 떨어지길 바라시겠는지?

두 말할 것 없이 ♦5 또는 ♦10-스트레이트 플러시이다. 그다음에는 과연 무엇일까? 당연히 5 또는 10-스트레이트이다.

그런데 만약 '턴에서 ♦5, 10 보다 다른 무늬 5, 10이 더 매력 있다'고 주장한다면 여러분은 어떻게 생각하시는지?

그 이유는 턴에서 ♦5 또는 ♦10이 오픈되었을 때는 상대도 ♦-2장을 가지고 있는 것이 아니면 오히려 플러시 때문에 겁을 먹어(여러분은 스티플을 가지고 있는데) 큰 장사가 안 될 수도 있다는 점이다. 상대가 탑페어나 투페어, 셋 같은 카드를 가지고 있다면 플러시 액면은 아무래도 신경이 많이 쓰이기 때문이다.

그렇기에 턴에서 다른 무늬의 5나 10이 오는 게 더욱 효과적이라고 한다면 필자의 지나친 억지일까?

물론 상대가 ♦A, 또는 ♦K 등을 가진 플러시메이드(평범한 플러시도 포함)라면 필자의 말은 틀린 것이지만, 상대가 플러시 메이드가 아닌 카드라면 어떤 카드를 가지고 있든 필자의 말은 틀리지 않는다.

그리고 턴에서 다른 무늬의 5나 10이 왔을 때는 리버에서 상대들이 높은 플러시, 풀하우스를 잡는 것에 대한 부담이 남는 것은 사실이다. 하지만 그 부담이 있는 반면, 스트레이트메이드는 바닥으로 크게 드러나지 않기에 실속 있는 장사를 한다는 면에선 훨씬 더 효과적일 수도 있다는 이야기다.

비슷한 상황으로 이번엔 아예 플럽이

그림처럼 스트레이트 플러시나 플러시 가능성이 아예 없이 오픈되는 것은 어떨까?

앞서 설명했던 비슷한 이유로 지금과 같은 플럽도 상당히, 몹시 매력 있는 상황이 틀림없다. 그리고 실제로도 지금의 플럽이 조금 전의 플럽(스티플 양방) 못지않은 장점이 있다고 생각하는 고수들도 적지 않다. 턴에서 5나 10 오픈되면 이후 거의 근심이 없기 때문이다. 물론 플럽에서부터 여러분의 스트레이트 플러시(플러시 포함) 가능성이 아예 없다는 건 아쉽겠지만.

그렇다면 ♦7-♦8 가지고 있을 때 기대할 만한 플럽에는 어떤 것들이 있는지 알아보자.

◆ 기대할 만한 플럽

① 스티플 양방 : ♦9-♦10 (♦5-♦6, ♦6-♦9) - 약 1%

② 양방 : 9-10, 5-6, 6-9 -약 12%

③ 투페어 : 7-8 -약 2%

④ 트리플 : 8-8(7-7) -약 1%

⑤ 포플(스티플 빵꾸) : 약 10%

탑페어, 빵꾸 스트스트레이트 제외-총 약 30%(10판 중 3판)

앞의 가능성을 감안했을 때 프리플럽에서 상대가 어느 정도 판을 키워도 웬만하면 플럽을 보고 싶은 기분이 든다고 할 수 있다.

그렇기에 프리플럽에서 앞선 상대들이 판을 안 키우고, 여러분의 포지션이 좋으면 이때는 여러분이 판을 키울 수 있는 찬스라고 생각해도 좋다. 하지만 포지션이 좋아도 의무적으로 판을 키우라는 것은 결코 아니다. 본인의 선택에 의해 판을 키우지 않아도 무방하고, 그리고 판을 키우더라도 너무 크게 키우는 것은 뒷수습을 확실히 할 수 있는 내공을 갖추고 나서 생각해 보라고 말씀드리겠다.

이처럼 ♦7-♦8 이라는 핸드는 매력과 장점이 많고, 운영하기 편한 핸드이기에 거의 모든 고수들이 선호한다.

그리고 ♦7-♦8과 비슷한 종류의 카드(슈티드 커넥터)는 수없이 많으며, 또한 다른 무늬도 큰 차이 없다(플러시 가능성 약 6% 차이)는 사실을 반드시 알아두어야 할 것이다.

1 10이상 2장 ▶ 스트레이트일 경우 무조건 넛

- 단, 턴이나 리버에 자신이 가지고 있는 카드가 오픈되면 넛이 안

될 수도 있다.

2 (7-10), (9-Q), (5-8) ▶ 2칸 차이까지

- 스트레이트 넛 가능

(6-10), (8-Q), (4-8) ▶ 3칸 차이

- 스트레이트 넛 불가능

3 같은 무늬 (A-2), (A-3), (K-2), (K-3)

- 플럽에서 포플이나 투페어, 트리플 기대하는 카드

- A, K 등의 탑페어 ▶ 좋지만 계속 불안(작은 승리,

큰 패배하는 카드).

4 같은 무늬, 다른 무늬 (7-8)

- 플럽에서 양방이나 투페어, 트리플 기대하는 카드

- 플럽에서 탑페어 기대하는 카드 아니다

⑤  - 넛 = 4-7

⑥ - 넛 = 7-8

⑦ 페어를 가졌을 때 플럽에서 셋

= 12%, 턴 = 4%, 리버4%

⑧ 무늬 2장 - 플럽 플러시드로우

= 약 11%

(턴) 35% ▶ (리버) 20%

7-8 - 플럽 양방

= 약 12% (6 - 8 = 8%)

(턴) 32% ▶ (리버) 18%

21. 숏스택(Short Stack), 딥스택(Deep Stack)의 운영법

예전에 필자가 라스베이거스나 LA 커머스에서 한참 게임할 때 재미있는 현상이 하나 있었다.

① 돈을 많이 따서 앞전이 많아지게 될 경우, 환전을 하고 다시 미니멈 머니를 가지고 앉는 스타일

② 처음부터 주머니에 사이드 칩을 잔뜩 채워가지고 있다가, 조금만 잃어도 바로 맥스 머니까지 채우는 스타일

이러한 플레이어가 생각보다 꽤 많았다. 여러분도 이 두 가지 중 하나에 해당하는 건 아닌지?

필자가 지금 이 두 가지 스타일이 좋다, 나쁘다를 논하려는 것은 결코 아니다. 그리고 이것은 본인 고유의 스타일이기에 제 3자가 좋다, 또는 나쁘다라고 언급할 수 있는 부분도 아니다. 단지 첫 번째 스타일의 플레이어는 앞에 많은 돈을 놓고 게임하는 것이 부담스럽다고 느끼는 것이고, 둘째 스타일의 사람은 가능한 조금이라도 더 많은 돈을 앞에 두고 게임을 하고 싶어 하는 것일 뿐이다.

즉, 첫 번째 스타일은 숏스택 플레이를 좋아하고, 두 번째 스타일은 딥스택 플레이를 좋아한다고 볼 수 있다는 것이다.

216

그렇기에 이 두 스타일은 어찌 보면 정반대의 스타일이라고도 볼 수 있다. 물론 무조건 정반대 스타일이라고 단정할 수는 없다. 둘째 스타일의 사람은 처음에는 스택이 작기에 계속 맥시멈까지 채워서 게임을 하지만 게임 중에 많은 돈을 따게 되었을 때(딥스택이 되었을 때)는 또 이떤 신댁을 힐지 모르기 때문이다.

이처럼 모든 플레이어는 자신만의 스타일을 가지고 있기에 어느 쪽이 반드시 좋다, 나쁘다라고 말할 수는 없는 부분이라고 하겠다. 그러면 숏 스택과 딥 스택의 특징은 무엇인지 알아보도록 하자.

숏 스택(=small stack, 보통 빅블의 20~30배 이하를 의미)

◆ 장점 = 게임 운영이 편하고 부담 없다. 한판에 큰 데미지를 입지 않는다.

◆ 단점 = 좋은 공갈 찬스가 와도 시도하기 어렵다. 좋은 찬스가 와도 큰 승리를 얻지 못한다.

딥 스택(=large stack, big stack, 보통 빅블의 150~200배 이상을 의미)

◆ 장점 = 상대들이 부담을 느끼기에 게임하기가 편하다.

◆ 단점 = 한판에 큰 피해를 볼 수 있다. 물론 큰 승리를 얻을 수도 있다.

앞의 비교에서 보듯이 숏 스택과 딥 스택은 어떤 의미에서는 완전히 다른 게임을 하는 것이라 생각해야할 정도로 운영에 큰 차이가 있다는 점을 잊어서는 안 된다. 그러면 어떤 면에서 운영의 차이가 있는지 비교해서 알아보자.

*숏 스택 : 어차피 돈이 별로 없기에 베팅위치에 큰 차이 없이 플레이가 비슷하다.

프리플럽이나 애프터 플럽에서 상황 봐서 올인 승부 가능하다. 이 경우 얻을 수 있는 이점은, 판이 커졌기에 그 후 베팅에 옆 사람 죽을 수 있다는 부분이다. 예를 들어 포플이 베팅을 하면 탑페어에 나쁜 키커, 세컨, 바텀페어, 빵꾸 등의 카드를 가진 옆의 플레이어가 죽을 수도 있다는 것이다.

◆ 운영기본
㉠ 어정쩡한 카드로 프리플럽 참여하지 말고 앤티 최대한 아껴라.
㉡ 프리플럽에서 빅카드 2장, 미들페어 정도(또는 그 이상)일 때 올인 승부 가능하다.
㉢ 다7-다8 (미들 슈티드 커넥터) ▶ 프리플럽에서 1:1로 올인 승부 하지마라.
단, 프리플럽에서 여러 명 승부일 땐 올인 승부 가능하다(배당 좋기 때문).

*딥 스택 : 베팅위치에 따라 플레이가 크게 차이난다
언제든 큰 승부가 걸릴 가능성이 있기에 운영 어렵고, 위험하다.
고수일수록 딥스택 플레이 좋아한다.

◆ 운영기본

　㉠ 매판마다 상대하는 사람의 자금 상황 체크하며 대응해라.

　㉡ 서로 딥 스택일때는 베팅위치 나쁘면 가능한 큰 승부 만들지 마라.

　㉢ 서로 딥 스택일때는 상대 스타일에 따라 대응책 바꿔라.

　㉣ 승부 상황이고, 위치 좋을 땐 턴에서 레이즈하고 리버에서 칼자루 잡아라.

　㉤ 플럽에서 넛 포플, 양방, 오버 페어, 탑페어 + 굿키커 등일 때

　　- 큰 승부 만드는 것 매우 조심해라. 숏 스택일 땐 바로 큰 승부 가능.

그럼 실전 상황을 통해 숏 스택과 딥 스택의 운영 차이를 알아보자.

예1)--상대-프리플럽 레이즈(빅블 4배)--4명승부

-- 숏 스택일땐 올인 승부 충분히 가능, 서로 딥 스택일 땐 절대
요주의~!

예2)--상대 프리플럽 레이즈(빅블 4배)--3명 승부

1. 숏 스택일때 - 특별한 상황 외엔 위치에 상관없이 거의 올인 승부
할 수 있다.

2. 서로 딥 스택이고 베팅위치 안 좋을 때

여러분 체크 - 상대 베팅 - 1명 폴드 - 여러분 어떻게? - 콜, 레이
즈 둘 다 가능하지만

- 레이즈 ▶ 위치 나빠 부담 크다. 턴, 리버로 가며 득보다 실 많다.

- 콜 ▶ 정상적 운영

3. 서로 딥 스택이고 베팅위치 좋을 때

상대 베팅 - 1명 폴드 - 여러분 어떻게? - 플럽에선 콜, 레이즈 둘
다 가능.

- 플럽에서 콜만하고 턴에서도 콜, 레이즈 둘 다 가능.

만약 턴에서 여러분이 레이즈 했을 때

- 상대 콜 ▶ 리버에서 칼자루 잡고 게임 마무리할 권리 가질 수 있다.

- 이때 상대에게서 리레이즈 나오면 미련 버리고 폴드 해라.

설명에서 보듯이 서로가 딥 스택일 때는 위치가 앞이냐, 뒤냐에
따라 큰 차이가 난다. 위치가 좋을수록 운신의 폭이 훨씬 더 넓어
진다는 것이다.

지금까지 숏 스택, 딥 스택일 때의 운영에 대해 간략하게 설명했는데 '숏 스택일 때는 최대한 참고 앤티를 아껴가며 찬스를 잡아 올인 승부를 노려야하고, 서로가 딥 스택일 때는 포지션이 나쁘면 가능한 큰 승부 만들지 마라.'는 말로서 요약하겠다 (완벽한 패를 가지고 있을 때는 예외).

♠ 음미해 볼 만한 포커 명언 ♠

행운의 여신은 정치가와 같다.
모든 사람에게 행운을 주고 싶지만 줄 수 있는
행운의 양은 한정되어 있기 때문이다.
Lady luck is like a politician.
She has such few favors to give,
and too many friends to give them to.

22. 상대의 입장에서 패를 읽어라

　사람은 누구라도 생각이 비슷하다. 그러므로 상대의 입장이 되어 패를 판독해보면 새로운 세상이 보인다(물론 고수와 하수의 생각 차이가 조금 나는 것이 사실이지만).

　그리고 이 방법은 어느 정도 이상의 수준에 올라있는 플레이어들은 이미 몸에 베어있다고 해도 과언이 아니다. 고수들은 언제나 상대의 생각을 예상하고 그에 따라 대응하고 있다는 것이다.

　그럼 실전 상황을 통해 상대의 입장에서 패를 판독해 보자.

　다음의 모든 예에서 기본적으로 상대 스타일, 배팅위치, 자금 상황 등을 감안해서 결정을 해야 한다는 것은 여러분의 의무의자 권리이기에 여러분에게 맡기겠다.

1. 여러분 핸드

리버에 여러분이 앞에서 베팅하고 나갔다가 레이즈를 맞으면?

◆ 포인트

여러분이 이기려면 상대가 공갈을 시도한 것이든지, 아니면 상대
가 ♣ Q(서열3위)를 가지고 레이즈한 것을 기대해야 한다. 만약 여러
분이 상대의 입장이라면 ♣Q를 가지고 레이즈 할 수 있을까?

바닥에 클로버가 4장인 상황에서 Q(서열 3위)를 가지고 리버에서
레이즈는 하는 것은 둘 중 한 명이 아주 돈이 적을 때라면 가능하겠
지만, 정상적인 운영에선 쉽지 않은 플레이다. 따라서 지금은 죽으라
고 말씀드리고 싶은 상황이다.

2. 여러분 핸드

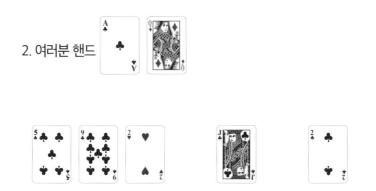

리버에서 상대가 먼저 베팅을 하고 나왔다. 여기서 여러분은 콜인
가, 레이즈인가?

아주 작은 판이거나, 상대나 여러분의 남은 돈이 별로 없으면 레

이즈를 생각해 볼 수 있다. 하지만 그런 상황이 아니라면 매우 신중하게 생각해야 한다. 쉽게 레이즈를 할 수 있는 분위기가 아니라는 것이다.

여러분이 이길지, 질지, 승부는 모른다하더라도 만약 여러분이 이기는 경우라면 이때는 상대가 K플러시이하를 가지고 콜을 해 줄 것인지도 같이 잘 판단해야 한다. 입장을 바꾸어 만약 여러분이 K플러시라면 콜을 하시겠는가? 바닥에 클로버가 4장인데다 페어까지 있기에 콜하기 쉽지 않은 기분이 드는 게 사실이다.

즉, 상대가 K플러시를 들고 베팅하고 나왔다가 레이즈를 맞으면 상대는 콜을 하기가 어렵다는 뜻이다. 그렇기에 자칫 여러분은 남는 거 없이 위험부담만 않는 상황이 만들어질 가능성이 충분히 있다는 것이다. 따라서 지금은 서로가 돈이 많다면 여러분의 선택은 콜만 하는 것이 정답에 가깝다는 사실을 명심해야 한다.

아무튼 이런 상황에서 여러분이 레이즈를 했는데 상대에게서 리레이즈가 나온다면 이때는 어떻게 해야 할까?

이때도 입장을 바꾸어 만약 여러분이 상대의 입장이라면 K플러시로 리레이즈를 할 수 있겠는가?

지금은 어느 누구도 리레이즈는 할 수 없는 상황이다. 그렇다면 결론 나온 거다. 공감이 아닌 한 상대는 무조건 풀하우스가 확실하므로, 리레이즈를 맞는 순간 여러분은 뒤도 돌아보지 말고 패를 던져야 하는 한 가지 선택 외에는 없다.

3. 여러분 핸드 ---베팅위치 앞

여러분이 앞에서 베팅하고 나갔다가 레이즈를 맞으면?

◆ 포인트

여러분 상대의 입장이라면 7(서열 3위 ▶ J-Q, 7-J 다음 순위)을 가지고 레이즈 할 수 있을까?

바닥이 7빵꾸인 상황에서 7을 가지고 레이즈를 하는 건, 정상적인 운영에선 쉽지 않은 플레이다. 따라서 지금은 무조건 죽기는 싫지만 매우 기분이 나쁜 상황이다. 즉 상대가 7을 가지고 있는 상황이라면 상대 입장에서도 콜이지, 레이즈는 모험이고 무리라는 뜻이다. 따라서 어려운 승부라는 기본 생각을 가지고 상대 스타일에 따라 잘 대응해야 한다.

단, 상대가 그다지 크지 않은 돈으로 올인레이즈를 해온 경우라면 콜을 할 수 있는 정도라고 하겠다. 지금 역시 여러분이 상대의 입장이 되어서 판단해보면 좀 더 정확한 답을 얻을 수 있을 것이다.

4. 여러분 핸드

지금은 여러분의 베팅위치가 앞이고 여러분이 프리플럽에서 판키운 상황이다(빅블의 5배).-3명 승부

-플럽--여(베팅)--상대1(콜)-상대2(폴드)
-턴--여(베팅)--상대1(레이즈)--여러분 어떻게?

지금은 매우 기분 나쁜 분위기다. 상대1이 플럽에서 콜을 하고, 턴에서 특별하지 않은 카드가 오픈되었는데 레이즈를 해왔다는 건, 손 안의 카드가 5와 사연이 있든지(5-5, 2-5, 10-5, 9-5-물론 5-5 이외엔 프리플럽에서 빅블 5배를 받고 들어온 점을 감안할 때 가능성 희박하다), 아니면 플

럽에서 콜만 하고 여러분을 데리고 간 것으로 봐야 한다.

그렇다면 상대1이 공갈이 아니라는 가정 하에, 여러분이 이기려면 상대1에게서 10-A, 10-K, 10-Q, 포플, 양방 등이 나와야 하는데 이런 카드들은 특별한 경우를 제외하곤 모두 턴에서 쉽게 레이즈를 할 수 있는 카드가 아니라는 사실을 이제는 깨달아야 한다.

① 10-A, 10-K, 10-Q

레이즈를 한다면 플럽에서 레이즈하는 카드이지, 플럽에서 콜하고 턴에서 레이즈하는 것은 쉽지 않는 운영이다.

물론 리버에서 칼자루를 잡겠다는 의미로 플럽에서 콜만하고 턴에서 레이즈를 할 수도 있겠지만, 이것은 어느 정도 수준 이상의 고수들, 또는 아주 초보자들에게서 나오는 플레이라고 봐야하고, 중급자들이라면 레이즈를 한다면 플럽에서 하는 것이 보통이라고 하겠다.

② 포플, 양방

포지션이 좋으므로 플럽에서는 레이즈가 충분히 가능하지만, 플럽에선 콜만 하고 턴에서 레이즈를 하는 건 공갈을 시도한 의도가 아닌 한, 매우 위험하고 잘못된 운영이다.

지금의 상황도 ①, ②에 대해 여러분이 상대의 입장이 되어 생각해 보면 좀 더 정확한 결론을 얻을 수 있을 것이다.

결국 결론은 상대1의 포지션이 좋기에 탑페어(10-A, 10-K, 10-Q)는 적은 가능성이라도 있을 수 있겠지만 양방, 포플의 가능성은 매우 희박하다는 점을 감안했을 때 턴에서 신중하게 잘 선택해야 한다는 사실을 명심해야 한다.

그리고 여기서 한 가지 부가해서 여러분이 알아두어야 할 것은 턴에서 승부를 하게 되면 여러분은 리버에서도 못 죽는다는 점이다.

그렇기에 턴에서 레이즈를 맞았을 때 매우, 몹시 아쉽겠지만 죽는 것을 먼저 생각하라고 말씀드리고 싶다.

5. 여러분 핸드

여러분의 베팅위치는 앞, 여러분이 프리플럽에서 판 키움(빅블의 5배)-3명 승부

이런 상황에서 플럽이 오픈된 후 여러분이 베팅을 했는데 상대가 바로 레이즈를 해오면 이때는 어떻게 해야 할까?

지금은 즐겁다고는 할 수 없겠지만 일단 여기서 바로 폴드하기는 싫은 분위기다. 공갈이 아닌 한 예상되는 상대의 핸드는 4-6, 4-5, 4-3, 오버페어, 투페어, 셋, 스트레이트 메이드 그리고 같은 무늬의 6-A, 6-K 정도라고 하겠다.

따라서 지금은 상대를 투페어, 셋, 스트레이트 메이드 등으로 본다면 어려운 승부지만, 상대에게서 4-6, 4-5, 4-3, 오버페어(7~Q) 등의 카드가 나올 가능성도 얼마든지 있기 때문이다.

그렇기에 지금 같은 상황에서는 상대의 스타일, 자금 상황, 현장 분위기 등을 잘 감안해서 여러분이 선택을 해야 한다. 그런데 여기서 한 가지 여러분이 꼭 명심해야 할 것은 플럽에서 여러분이 죽지 않는다면 여러분은 리버까지 죽기가 싫어지기에 패배할 경우, 큰 중상을 입을 가능성이 크다는 점이다.

물론 턴이나 리버에 2, 4, 7 등의 카드가 오픈되어 여러분이 폴드하게 될 수도 있겠지만 이것은 어차피 여러분의 패배이다(그렇게 될 바엔 차라리 플럽에서 죽는 게 득이라는 의미).

그런데 지금의 상황에서 상대가 플럽에서는 여러분의 베팅에 콜만 하고, 턴에서 특별한 사연이 없어 보이는 카드(♣8)가 떨어졌다.

5-1. 여러분 핸드

여러분의 베팅위치 앞, 여러분이 프리플럽에서 판 키움(빅블의 5 배)-3명 승부

플럽--여(베팅)--상대1(콜)--상대2(폴드)

턴에서 여러분은 당연히 베팅을 하고 나갔는데 상대에게서 레이즈 나왔다. 이때는 어떻게 해야 할까? 턴에 8이 떨어지며 상대가 스트레이트(7-9)나 셋(8-8)이 맞은 것일까? 그것은 아무도 알 수 없다.

하지만 분명한 사실은 매우, 대단히 기분 나쁜 상황이라는 점이다. 지금은 조금 전에 설명했던 플럽에서 레이즈를 맞았을 때보다 훨씬 더 괴롭다는 것이다.

그 이유는, 상대의 핸드가 무엇인지는 알 수 없어도 지금은 4-6, 4-5, 4-3과 같은 카드가 나오기가 훨씬 어렵기 때문이다.

4-6, 4-5, 4-3과 같은 카드는 플럽에 선 누구라도 레이즈를 해보고 싶은 욕망을 느끼고, 실제로도 레이즈가 자주 나오지만, 턴에서

는 레이즈를 하기가 만만치 않다.

그렇기에 지금은 상대가 공갈이나 오버페어(9~Q)가 아닌 이상 어려운 승부가 된다고 생각해야 한다. 즉, 이기기 어려운 승부로 보인다는 뜻이다.

6. 여러분 핸드

여러분의 베팅위치가 앞, 여러분이 프리플럽에서 판 키운 상황(빅블의 5배)-3명 승부

여러분에게 굉장히 좋은 플럽처럼 느껴진다. 그리고 실제로도 좋은 플럽이라고 할 수 있다. 하지만 이런 상황에서 여러분이 베팅을 하고 나갔다가 레이즈를 맞으면 어떻게 하시겠는가?

거의 모두가 죽는 것은 생각도 않고 콜이냐? 리레이즈냐?를 고민할 것이다. 하지만 지금은 대단히 괴로운 상황임을 명심해야 한다.

공갈이 아닌 한 예상되는 상대의 핸드는 셋, 투페어, 스트레이트 메이드, A-K, A-Q, A-J, A-10, A-9 등인데 만약 여러분이 상대의

입장이라면 A-Q나 A-9을 가지고 레이즈를 할 수 있겠는가? A-Q라면 레이즈가 가능할 수도 있겠지만 A-9는 여러 가지 정황상 레이즈는 만만치 않은 분위기라 봐야 한다. 따라서 여러분이 즐거운 시나리오는 A-Q외에는 없다는 것이다.

그런데 지금은 바닥이 모두 빅카드이기 때문에(모든 플레이어들이 빅카드 2장을 선호한다), A-Q를 가지고 레이즈를 하기가 보통의 평범한 플럽에서보다는 많은 부담이 느껴지는 상황이다.

보통의 평범한 플럽이라면 A-Q(A탑페어에 Q키커-포지션도 좋다)를 가지고 누구나 레이즈를 하고 싶은 충동을 느낄 것이다. 그런데 지금은 바닥이 모두 빅카드이기 때문에, 레이즈를 하기가 적지 아니 부담이 되는 분위기라는 이야기다.

다시 말해 베팅을 하고 나갔다가 레이즈를 맞는 순간, 여러분은 바로 위기의식을 느껴야 하는 상황이라는 것이다.

지금의 상황 역시 여러분이 상대의 입장이 되어 A-Q나 A-9 등을 가지고 레이즈를 할 수 있겠는지를 생각해보면 정답에 좀 더 접근할 수 있을 것이다.

물론 상대가 K-J, Q-J, K-10, Q-10 등으로 레이즈를 했을 가능성도 조금은 있겠지만 이것은 일단 반공갈성이라고 봐야 한다.

7. 여러분 핸드

여러분의 베팅위치 앞, 상대1이 프리플럽에서 판 키움(빅블의 4배)-3명 승부

<플럽>   <턴>

--플럽-여(체크)--상대1(베팅)-상대2(폴드)-여러분 레이즈-상대1(콜)

-- 턴에서 여러분베팅--레이즈 맞으면?

 - 기분 찝찝하지만 죽기 싫다(죽을 수 없다).

 - 상대 리버에서 칼자루 잡으려는 의도로 레이즈 할 수도 있다.

-- 만약 여러분이 베팅위치 뒤인데 상대가 앞에서 체크레이즈

 - 이때는 더 기분 나쁨.

 - 상대 리버에 칼자루 잡을 수 없기에 강한 자신감 있는 것.

7-1. 여러분 핸드

여러분의 베팅위치 앞, 상대1이 프리플럽에서 판 키움(빅블의 4배)-3명 승부

-- 플럽-여(체크)--상대1(베팅)-상대2(폴드)-여러분 레이즈-상대1(콜)

-- 턴-여(베팅)--상대1(콜)

-- 리버에서 여러분베팅--레이즈 맞으면?

-- 여러분이라면 7-6을 가지고 레이즈 할수 있을까??

플레이 성향에 따라 레이즈를 할 수도 있겠지만, 7-6을 가지고 리버에 레이즈를 하는 건 초일류 고수나 초보자가 아니면 쉽지 않은 플레이라고 봐야 한다. 그러기에 리버에 레이즈를 맞으면 머리가 많이 아파지는 상황이다.

-- 어려운 승부. 상대를 공갈로 보지 않는 한 죽는게 정상. 단 여러분이나 상대 2명중 1명이 올인이나 작은 돈이면 예외.

지금까지 몇 가지 실전 상황을 예로 들어 여러분이 베팅을 하고 나갔다가 레이즈를 맞았을 때, 상대의 입장이 되어 판단해 보는 부분을 알아보았다.

사람마다 특성과 스타일이 있기에 100% 생각이 똑같을 수는 없다. 하지만 특별한 상황이 아니고 아주 특별한 성격과 생각의 소유자가 아닌 한, 그리고 누군가가 뚜껑이 열려 압이 많이 올라있는 상태가 아닌 한, 큰 줄기를 흐르는 기본 맥은 그다지 큰 차이가 없다고 보아도 무방하다.

대부분의 모든 사람들이 비슷한 생각을 가지고 있다는 뜻이고 그렇기에 여러분이 상대의 입장이 되어 판단해보면, 막연히 기분이나 감각으로만 대응하는 것보다는 조금은 더 정답에 근접할 수 있다는 사실을 한번쯤 음미해 보시길 바란다.

♠ 음미해 볼 만한 포커 명언 ♠

가장 훌륭한 플레이어는
언제 칩을 현금으로 바꿔야 하는 지 아는 사람.
The wisest player knows when to change chips for money.

23. 되는 날 승부해라

　게임이 잘 풀리는 날은 거짓말처럼 패가 척척 달라붙고, 게임이 꼬이는 날은 아무리 좋은 패를 가지고 있어도 비운의 패배를 당하든지, 이기더라도 만족할 만한 소득을 올리지 못한다. 아마 여러분들 모두가 이런 경험을 해보지 않은 사람은 없을 것이다.

　게임이 잘될 때는 패도 척척 붙고 게임도 잘 풀리는 것은 물론, 게임외적인 부분에서도 이상하리만큼 여러분을 도와주는 경우가 많이 발생한다. 반대로 게임이 안 될 때는 패도 징그럽게 꼬이지만, 주변에서 별 괴상한 일이 생겨 여러분을 더 곤경에 빠트리곤 한다.

　예를 들자면 딜러가 엉뚱한 실수를 해서 여러분에게 행운을 준다든지, 불운을 준다든지, 아니면 급한 용무가 있어 2~3판 자리를 비우면 그것이 행운이나 불운으로 작용한다든지, 옆 사람의 비정상적인 플레이가 여러분에게 행운, 또는 불운으로 작용한다든지 하는 식이다.

　그랬을 때 이러한 부분은 인력으로 해결하기가 어렵다. 실력과 큰 관계가 없는, 말 그대로 행운이나 불운이라고 표현해야할 부분이기 때문이다. 그러면 필자가 보고, 듣고, 겪었던 대표적인 행운, 불운의 예를 몇 가지 간단히 소개하겠다.

<사연 1>

예전 라스베이거스 벨라지오에서 게임할 때의 일이다.

딜러가 카드를 돌리는데 첫 카드로 ♥K가 들어왔다. 그리고 나서
2번째 카드를 돌리는데 딜러의 실수로 나의 2번째 카드가 오픈되었
는데 그 카드는 ♥A였다. 순간 필자는 최고의 핸드를 놓쳐 아쉬웠
지만, 어쩔 수 없는 일. 카드를 다시 받는데 ♣K가 들어오며 K-K
이 되었다.

두 가지 모두 최고의 핸드이기에 바닥에 오픈되는 카드에 의해 어
느 쪽이 더 좋은지 결정되겠지만 어찌됐든 현재로선 누구라도 K-K
가 더 좋다는 것은 당연한 일.

그리고 나서 프리플럽에서 판이 꽤 꿀렁거린 후 플럽이 오픈되
었다.

필자에게는 최고의 상황이 되었다. 물론 ♥A-♥K을 가지고 있었
어도 만족할 만한 플럽이지만 어디 K-K에 비하겠는가? 필자는 속
으로 웃음을 금치 못하고 있었는데, 더 놀라운 일이 벌어졌다.

플럽에서 상대와 우당탕탕하며 서로가 올인을 집어넣었는데, 상대의 핸드는 Q-Q였던 것이다. 결과는 물론 필자의 승리로 끝났는데, 만약 딜러가 실수를 하지 않았더라면 필자가 어느 정도 이상(올인까지 할지, 안할지는 모르겠지만) 피해를 보는 것이 너무나 당연한 상황이었는데 딜러의 실수로 필자와 상대, 모두 천당과 지옥이 완전히 바뀌어 버린 셈이다.

상대의 입장에선 억장이 무너지는 일이었지만, 언제든 일어날 수 있는 일이고, 또 규정에 의해 진행되는 것이기에 어디에도 하소연할 수가 없다. 당시에 필자와 상대의 기분이 어떠했을지 여러분의 상상에 맡기겠다.

게임이 잘되는 날은 이렇게 딜러가 도와주기도 하며, 반면에 상대는 일초라도 빨리 자리에서 일어서야할 불운한 날인 것이다.

<사연 2>

역시 예전에 라스베이거스 윈(Wynn)에서 게임할 때의 일이다.

프리플럽, 플럽에서 이미 판이 어느 정도 달아올라 있었다. 5명은 이미 폴드하였고, 턴에서 총 4명이 승부가 걸린 상황이었다. 당시 필자는 (♦A-♦J)을 가지고 있었고, 베팅위치는 4명 중 두 번째였다. 그런데 턴에서 ♣Q가 떨어지며 넛스트레이트가 되었다.

맨 앞에서 베팅을 하고 나왔고, 필자는 넛(거기다 레인보우바닥-♣2장
이지만 턴에서 떨어진 거라 크게 신경 안 썼음)이기에 뒷사람들을 데리고 가
기 위해 콜만 했다. 그러자 다음 사람도 콜, 그리고 나서 네 번째 사람
(S)이 고민하고 있었는데 그 순간 딜러가 리버를 오픈해 버렸다. '♠3'
이었다. 딜러가 실수를 한 것이다. 그러자 S가

"어, 난 아직 결정도 안했는데…"

라며 당혹스러워 했다. 사고가 생긴 것이다. 딜러가 당황하며 매니
저를 불러 상황을 설명했고 매니저가 S에게

"당신이 죽을 거면 지금 상태로 그냥 승부하면 되고, 당신이 콜을
할 거면 리버를 다시 오픈해야한다. 어떻게 할 거냐?"

고 물었다. 그러자 S는

"어떻게 해도 난 상관없다. 죽으라면 죽고, 콜 하라면 콜 하겠다."

라고 하였고 매니저가

"어찌해도 상관없으니 당신 하고 싶은 대로 해라."

고 하였으며 결국 우여곡절 끝에 S는 콜을 하고 리버를 다시 오픈
했는데 필자에게는 찝찝하게 ♣5가 떨어졌다. 턴, 리버에 계속 ♣가
떨어지며 바닥에 ♣가 3장이 된 것이다.

넛 상황이 무너지긴 했어도 턴, 리버에 계속 ♣가 떨어진 것이기에 필자는 크게 걱정하지 않고 승부를 했는데, 불행하게도 S에게서 ♣ 플러시가 나와 어이없게 큰 승리를 놓치고 오히려 패배를 당했다.

그런데 맨 앞의 플레이어는 J-9(턴에서 세컨스트레이트 ▶ 9-10-J-Q-K)을, 세 번째 플레이어는 K-10(투페어)을 가지고 있어 딜러가 실수를 하지 않고 정상 진행이 되었더라면 큰 승리를 거둘 수 있는 상황이었기에 너무도 어이없고 아쉬웠지만, 딜러를 탓한들 무엇 하리. 딜러의 실수로 조금 전의 상황처럼 필자에게 행운을 주는 것도, 지금처럼 불운을 주는 것도 모두 게임의 일부일 뿐이거늘.

필자는 원래 벨라지오에서 거의 게임을 하고 윈이나 베네시안 등등 다른 곳은 특별한 일이 아니면 가지 않았는데, 이날 사연이 있어 오래 만에 윈에 갔다가 참으로 잊기 어려운 해프닝이 벌어진 것이다. 안 그래도 별로 선호하지 않던 윈이었는데 이 날 이후 윈이라는 이름은 영원히 내 머릿속에서 없어져 버렸다.

이처럼 게임이 잘되는 날은 딜러까지 도와주고, 안 되는 날은 딜러까지도 나를 괴롭힌다는 것을 잊지 말기 바란다.

그럼 이번에는 딜러의 실수가 아닌, 정상 진행 상황에서 벌어진 울고 싶은 상황에 대해 기억나는 일화를 소개하겠다.

<사연 3>

필자가 유투브에서 홀덤 강의를 할 때 윤성원(이후 Y로 표현)이라는 회원님께서 보내준 사연이다. 참고로 Y씨는 가족과 함께 멕시코에 거주하는 분으로, 비즈니스 때문에 미국 필라델피아에서 장기간 체류 중인 상황이었는데 거의 프로나 다름없는 일류 실력자였다.

Y씨는 이 날 게임이 징그럽게 꼬여 계속 고전을 거듭하다가 마침내 좋은 찬스를 잡았다. 세임 막바시에 접어들어 Y씨는 10-10을, 상대는 9-9를 잡고 프리플럽에서 서로가 올인을 넣는 승부가 벌어졌는데, 두 사람의 합의에 의해 커뮤니티 카드를 2번 오픈하기로 하였다. 즉, 2번을 오픈하여 1 : 1이 되면 판돈을 반씩 나누고, 한사람이 2번을 다 이기면 판돈을 모두 가져가는 방식이다.

참고로 이 룰은 대부분 큰 게임을 하는 테이블에서만 통용되는 룰로서 처음 5장을 오픈 한 후, 2번째는 처음 오픈했던 5장의 카드를 빼고 다시 오픈 하게 된다. 그러니 Y씨로서는 겁날게 9가 떨어지는 것뿐인데, 만의 하나 첫판에 9가 오픈되어 지더라도(물론 10은 안 오픈되고) 9가 1장 빠지는 것이기에 2번을 다 지는 건 거의 불가능에 가까운 확률(약 1%)이었다.

그런데 이 불가능한 확률이 실제로 일어나면서 Y씨가 올인을 당하는 황당한 일이 벌어진 것이다. 두 번 모두 보드에 10은 오픈되지 않고 9가 오픈된 것이다. 물론 자주 일어나는 일은 결코 아니지만 게임이 안 되는 날은 이런 일까지도 벌어질 수 있는 모양이다.

<사연 4>

오래전 필자가 라스베이거스의 벨라지오에서 게임을 할 때 벌어진 일이다. 이날은 처음부터 게임이 생각대로 풀리지 않아 고전을 하고 있었지만, 게임이 꼬이기에 가능한 타이트한 운영으로 버티며 큰 피해 없이 진행되고 있었는데, 중동 쪽으로 보이는 젊은 친구(이후 S으로 표현)가 새로 테이블에 들어왔다.

그런데 S가 들어오자마자 불패가 뜨며 순식간에 큰돈을 따며 판의 분위기를 완전 휘저었다. 그러면서 필자와 승부가 붙었는데 이판에서도 S가 프리플럽에서 판을 키운 후 플럽이 오픈되었다.

-4명 승부-베팅위치=상대1-필자-상대2-S---의 순서

이때 필자의 핸드는 ♣A-♣J 이었으니, 넛플러시로 필자에게는 황금 같은 기회가 온 것이다.

상대1이 체크를 하였고, 필자 역시 체크굿(프리플럽에서 S가 판을 키웠기에 S가 당연히 베팅을 하리라 예상했고, 필자는 레이즈를 하려 마음먹고 있었다). 상대2도 체크였는데 여기서 S가 황당한 플레이를 하고 나왔다. 바닥에 쌓인 팟이 그리 크지 않는데 엄청난 금액을 올인을 한 것

이다.

이때 칩은 S가 압도적 리더였고, 필자는 S의 1/3 정도의 금액이었고, 나머지 2명은 필자보다도 적은 칩이었다(하지만 S가 워낙 많이 따고 있었기에 1/3도 작은 금액은 아니었다). 상대들의 돈이 자신에 비해 훨씬 적으니 ♣가 1장 더 떨어지기 전에 다 죽이려는 의도 인 것 같았다.

그런데 앞에서 상대1이 콜을 하였고, 필자 역시 회심의 미소를 지으며 콜을 한건 너무나 당연한 일. 상대2는 폴드하였고 3명의 승부가 되었는데 상대1은 ♥K-♣Q, S는 ♦A-♠K을 가지고 있었으니, 누가보든 내 승리가 거의 확실했다. 실제로도 필자가 질 확률은 1% 정도였다(이 당시에는 벨라지오에서는 올인을 하면 플레이어들의 핸드를 오픈하고 나머지 카드를 오픈했었다).

상대들의 핸드를 보는 순간 필자가 얼마나 즐거워했을지는 여러분도 분명히 느껴본 경험이 있으리라 생각한다.

"역시 참고 기다린 보람이 있구나~!"

라며 웃음을 금치 못하고 지는 일은 생각지도 않고 있었다. 그런데…

턴에서 ♦K, 리버에서 ♥A가 오픈되며 S가 K풀하우스가 되어 S의 승리가 되어버린 것이다.

필자는 눈앞에서 벌어진 믿어지지 않는 상황에 망연자실 할 수밖에 없었는데 이판 역시 게임이 잘되는 사람(S)과 안 되는 사람(필자)의 극단적인 운명을 너무도 정확하게 보여준 좋은 예 가운데 한 가지다.

　'천하의 항우가 쏜 화살도 떨어질 땐 힘이 없다'고 하듯이 게임이 안 되는 날은 일분일초라도 빨리 자리에서 일어서는 것만이 최선이다. 게임이 안 되고 꼬인다고 하는 것은 결국 승부처에서 운이 따르지 않는다, 즉 불운하다는 것으로 봐야 한다.

　그렇다면 이런 날은 적과 싸워서 이기는 것만 해도 쉽지 않은데, 불운과도 싸워서 이겨야 한다. 그런데 이 불운이라는 적이야말로 너무나도 무섭고 강한 적임을 절대로 명심, 또 명심해야 한다. 여러분이 홀덤 테이블에서 만나게 되는 모든 적중에서 가장 강력하고 무서운 적이라는 뜻이다.

　그렇다면 안 그래도 게임이 안 되고 꼬이는데, 이처럼 강력하고 무서운 적하고 까지 굳이 싸워야 할 이유가 대체 무엇인가? 싸워야할 아무 이유가 없다. 만약 이유가 있다면 '잃고 일어날 수 없다', 또는 '잃고 일어나기 싫다'는 전혀 쓸데없는 자존심 단 한 가지뿐이다. 그러나 이러한 자존심을 버리지 못 하는 한, 여러분의 포커 인생은 영원히 추운 겨울밖에 없을 것이다.

　안 되는 날은 1분 1초라도 빨리 미련과 아쉬움을 버리고 자리에서 일어서라. 그리고 그 대신 잘되는 날은 약속을 취소하고서라도 게임을 해라.

부디 여러분들은 향후로는 안 되는 날 무리한 승부를 자초해서 화약을 메고 불로 뛰어드는 우를 범하지 말기를 진심으로 당부한다.

"훌륭한 플레이어는 따고 일어설 줄 안다,

 더 훌륭한 플레이어는 잃고 일어설 줄 안다."

"A good gambler how to quit winners,

 A better gambler how to quit losers."

지금의 이 명언은 초등학생이라도 어려워서 지키지 못할 말은 결코 아니다. 그런데 거의 모든 사람들이 지키지 못하고 있는 명언이다. 동시에 평생을 포커게임과 가까이하며 지내왔던 필자가 가장 지키기 어려웠고, 가장 좋아하고, 포커를 즐기는 모든 분들에게 가장 전해주고 싶은 말이다.

마지막으로 이 명언을 여러분에게 전하며 홀덤 게임의 모든 이론 설명을 끝내도록 하겠다. 여러분들의 건투를 빈다.

홀덤 용어 사전

A

ABC Player : 교과서적인 플레이를 하는 초보 플레이어를 의미.

Ace High : 한국에서는 보통 A탑이라고 표현을. 노페어인데 A가 있는 경우.

Ace Rag : 에이스를 가지고 있어도 다른 한 장이 너무 약한 경우.

Active Player : 아직 폴드하지 않은 플레이어.

Advertise : 상대방을 혼란시키기 위해 평소의 전략과는 다른 방식으로 플레이하는 것.

Aggressive : 공격적인 플레이, 또는 플레이어, 반대=Passive.

Aggrodonk 매우 어그레시브하게 대부분 베팅과 레이즈하는 Bad 플레이어.

All Blue : 까만색 플러시를 의미.

All-In : 자신의 칩을 모두 베팅하는 것 또는 돈을 모두 잃은 것을 의미(=move-in).

All-In over the top : 상대가 레이즈를 했는데, 거기에 리레이즈로 올인을 하는 것.

All Pink : 빨간색 플러시를 의미.

American Airlines : A-A의 별명. pocker rocket, Bullets, dream hand.

Ante : 게임을 시작할때 모든 플레이어들이 의무적으로 내는 돈

Axs : Ace-X suited를 나타내는 말. 즉 핸드카드로서 Ace와 다른 숫자 하나가 같은 무늬로 들었을 때를 말한다.

246

B

Bankroll : 한 플레이어의 전체 포커자금.

Backdoor : 턴, 리버에서 연속 떨어져 플러시, 스트레이트가 되는 것.

BB : 빅블라인드.(Big Blind). 처음에 앤티의 개념으로 2명의 플레이어만 미리 내는 돈. 매 판마다 시계바늘 방향으로 돌아간다. 보통 스몰블라인드의 2배. 딜러 좌측 2번째 위치.

Bad Beat : 불운한 패배. 보통 리버에서 희박한 가능성의 역전패를 당하는 것.

Before Flop : 플럽을 펴기 전(=pre flop).

Betting Line : 테이블에 표시되어 있는 선으로 칩을 손에 들고 이선을 넘게 되면 무조건 베팅이나, 콜을 해야 한다.

Bicycle : A-2-3-4-5(=Baby Straight. Wheel).

Big Blind Special : 빅 블라인드 위치에 있는 플레이어가 좋지 않은 핸드를 가지고 플럽을 공짜로 보고, 이기는 경우.

Big slick : A-K.

Blank : 승패에 크게 영향을 끼치지 않을 것 같은 카드.

Bluff : 공갈(=bluffing).

Bluff Catcher : 오직 블러핑만을 이길 수 있는 상당히 약한 핸드.

Board (보드) : 커뮤니티 카드 전체를 의미.

Bottom Pair : 보드에 오픈된 카드 중 가장 낮은 카드와 페어가 된 경우.

Broadway : A-K-Q-J-10.

BTN : Button.

Bubble : 상금을 받을 수 있는 등수 바로 다음 등수.

Bullets : 핸드 A-A의 별명. pocker rocket, american airlines, dream hand.

Burn Card : 플럽, 턴, 리버를 오픈하기 전에 1장씩 버리는 카드.

Bust out : 칩을 모두 잃어 게임에서 탈락되는 것

Button : 보통 딜러, 또는 딜러의 위치를 의미(=dealer button).

Buy In : 게임에 참가하기 위해 칩을 사는 것.

C

Calling Station : 콜을 자주하는 플레이어.

Call The Clock : 상대가 너무 장고할 때 시간을 체크해 달라고 요청하는 것

Cap : 한 베팅 라운드에서 가능한 레이즈 횟수. 리밋홀덤=보통 4번(베팅 포함)

C-bet : 프리플랍에서 레이즈한 플레이어가 플랍오픈 후 먼저 베팅하는 것

Change Gears : 게임 중간에 자신의 플레이스타일에 변화를 주는 것.

Check back : 상대가 체크했을 때, 당신도 체크하는 것.

Chop : 2명이상이 팟을 나누어 가지는 것(=split).

Clean out : 어떤 카드를 얻을 경우에 게임에서 이길 것이 보장되는 특정한 카드

Coinflip : 동전던지기, 확률이 5:5인 경우.

CO : Cut Off. 딜러 바로 우측의 위치

Cold Call : 바로 앞에서 레이즈가 나온 것을 콜하는 경우. A-배팅 B-레이즈 C-'콜드 콜'

Cooler (쿨러) : 아주 강한 핸드를 가지고 패하는 경우. 덫.

Community Card : 보드에 오픈되는 5장의 카드.

Complete Hand : 5개의 카드로 정의되는 핸드. 메이드.

Coordinate Flop : 플랍에서 3개의 카드가 이어지는 것

Cow Boys : K-K를 의미.

Crack : 좋은 핸드를 이기는 것 주로 A-A를 이겼을 경우.

Crying Call : 이길 가능성이 거의 없다는 걸 알면서도 하는 콜 (=sad call).

D

Dead Money : 플레이어가 폴드하기 전까지 베팅한 돈.

Dealer Button : 딜러, 또는 딜러의 위치를 의미(=button).

Deep Stac 돈이 많은 것. 빅블라인드의 150~200이상의 금액을 의미(=large stack).

Dominate : 한 핸드가 이길 확률이 압도적으로 높을 때.

Donkbet : 예상치 못 한 베팅. 약간 뒤트는 베팅.

Double Gut Shot : 빵꾸가 2개인 스트레이트 드로우 -- 예) 2-4-5-6-8(3 또는 7)

Double Up : 한판에 칩을 2배로 늘리는 것

Down Swing : 며칠 간 계속 성적이 안 좋은 것 반= up swing

Draw : 스트레이트, 플러시등을 완성시키는 카드.

Drawing Dead : 리버에 어떤 카드가 나와도 승부가 바뀌지 않는 상황.

Draw Out : 상대가 드로우에 성공하여 패하게 될 때.

Dream Hand : 핸드 A-A의 별명. pocker rocket, american airlines, Bullets

Dry : 드로우가 가능한 수가 없거나, 매우 적은 보드 반대=드로위, wet

E

Early Position : 베팅위치가 앞쪽인 자리. 보통 언더더건까지를 의미.

Extra Blind : 빅블라인드 순서를 기다리지 않고 게임에 참가하려는 플레이어가 내는 여분의 블라인드 금액. Post라고도 표현.

F

Family Pot : 거의 대부분의 플레이어가 플럽에 참가한 판.

Fast Play : 어그레시브하게 하는 플레이.

Fish : 하수. 호구.

Flop : 커뮤니티 카드 중 처음에 펴는 3장의 카드.

Flush Draw : 포플.

Free Card : 모든 사람이 체크를 하여 공짜로 보게 되는 카드.

Free Roll : 한 명은 비기는 것 밖에 없지만, 다른 한 명은 이길 수 있는 경우.

Freeze Out : 한 명의 플레이어가 모든 칩을 다 갖게 될 때까지 진행되는 게임. 토너먼트.

G

Grinding : 위험을 최소화 하며 장시간동안 수익을 늘려나가는 플레이. 또는 그런 스타일.

Gut Shot Straight Draw : 빵꾸 스트레이트.

H

Hand : 손에 가지고 있는 2장의 카드(=hand cards, hall cards, pocket cards).

Heads Up : 1:1 승부

Hero : 본인

High Roller : 큰 게임을 하는 사람.

Hit : 자신이 가지고 있는 패를 더 좋게 하는 것

HJ : Hi Jack. CO의 바로 앞 위치.

Hole Cards : 자신이 가지고 있는 2장의 카드. hand, hand cards, pocket cards

I

Implied Odds : 판돈 대비 확률(Pot Odds)과 비슷하지만, 잠재적 확률에서는 추후에 일어날 베팅까지를 염두에 둔 개념.

In The Dark : 패를 안보고 콜, 베팅, 레이즈를 하는 것.

In Position : 뒷자리를 의미. 반대=Out of Position.

K

Kicker : 족보가 같을 때 승부를 결정짓는 1장의 카드.

L

Large Stack : 보통 빅블라인드의 150~200이상의 금액을 의미(=deep stack).

Late Position : 뒤쪽의 베팅위치. 보통 하이잭, 컷오프, 버튼을 의미.

Lay Down : 상대의 패를 인정하고 폴드하는 것.

Limit : 매 라운드마다 베팅할 수 있는 금액이 정해져 있는 베팅 룰.

Limp in : 플레이어가 프리플럽 상태에서 빅블라인드 액수를 콜만 하는 것(=Limp).

LJ : Lo Jack. HJ의 바로 앞 위치.

Long-hand : 7명 이상이 참가한 게임. 6명 이하=Short-hand

Loose Play : 핸드카드가 좋지 않을 때도 자주 플레이하는 것. 반대=Tight Play.

M

Main Pot : 본 팟. 반대=side pot

Maniac : 매우 공격적인 플레이어.

Middle position : 중간의 베팅위치를 의미.

Monster Hand : 아주 강한 패. monster.

Move-In : all-in

Muck : 버린 카드를 모아 놓은 곳. 폴드하면서 핸드카드를 버리는 것.

Multiway pot : 플랍에 3명 이상이 남아 있는 경우.

N

Noob : 포커를 처음 하는 사람, 하수.

No Limit : 언제든 자신의 모든 칩을 베팅할 수 있는 베팅 룰.

NUT : 보드상황에서 나올 수 있는 최고의 핸드.

O

Off Suited : 다른 무늬.

Open Ended Straight Draw : 양빵 스트레이트.

Out Of Position : 앞 순서의 자리를 말한다. 반대=인포지션

Outdraw : 좋은 카드를 떠서 상대를 이기는 것을 의미.

Outs : 뜨면 이길 수 있는 카드를 의미.

Overbet : 노리미트 게임에서 현재 판돈 이상의 큰 베팅.

Over Pair : 보드에 오픈된 카드보다 높은 포켓 페어를 가지고 있을 때.

P

Passive : 베팅이나 레이즈를 잘 하지 않는 사람

Play Fast : 플럽이 오픈되기 전부터 공격적으로 베팅하는 것.

Playing the board : 최종 족보 5장이 모두 커뮤니티 카드로 된 것. 핸드 카드가 전혀 쓸모가 없을 때.

Pocket Cards : 손에 가진 2장의 카드. hand, hand cards, hole cards.

Pocket Rocket : A-A. Bullets, dream hand. american airlines.

Post : 블라인드가 지불해야 하는 금액을 지불하는 것.

Position : 베팅위치.

Pot : 판에 쌓인 돈.

Pot Odds : 기댓값.

Pre Flop : 플럽을 펴기전 상황(=before flop).

Protection : (1)다른 카드와 섞이거나 실수로 폴드 되는 것을 방지하기 위해 칩이나 마커 등을 자신의 카드 위에 올려놓는 것 (2)자신이 블라인드로 지불한 금액을 보호하기 위해서, 즉 블라인드가 낭비되지 않기 위해서 상대의 레이즈에 콜하는 것.

Puck : 딜러 버튼.

Q

Qauds 포카드.

R

Rainbow : 보드의 무늬가 모두 다른 것.

Raise : 상대의 베팅을 받고 더 베팅하는 것.

Rake : 매판마다 카지노에서 떼어가는 돈. 고리.

Re-Buy : 칩을 또 사는 것. 대회에서 칩을 또 사는 룰.

Reraise : 상대의 레이즈를 받고 더 레이즈하는 것.

Ring Game : 토너먼트 방식이 아닌 일반적인 포커게임. 칩 대신 현금이 사용되는 토너먼트에 비해 다소 짧은 게임.

River : 커뮤니티 카드 중 가장 마지막에 펴는 카드.

Roll Up : 세븐 스터드에서 트리플 출발을 의미.

Roll Down : 세븐 스터드에서 히든에 트리플이 되는 것을 의미.

Rock (락) : 굉장히 타이트하고 보수적인 플레이어.

Rounders : 프로 포커 플레이어.

Run : 게임이 진행되는 흐름.

　　예) ①이번 핸드는 런이 왜 이러냐? ②오늘은 런이 상당히 좋다.

Runner Runner : 턴과 리버에 계속 원하는 카드가 오는 것.

Running Pair : 턴과 리버가 페어가 되는 경우.

S

Satellite : 토너먼트 예선전.

SB : 스몰 블라인드.(Small Blind). 처음에 앤티의 개념으로 2명의 플레이어만 미리 내는 돈. 매판마다 시계바늘 방향으로 돌아간다. 보통 빅블라인드의 1/2. 딜러 좌측 첫번째 위치.

Second Pair : 보드에 오픈된 카드 중 2번째로 높은 카드와 페어가 된 것.

Semi Bluff : 반공갈.

Session : 한번 앉아서 끝낼 때까지 플레이한 시간.

Set : 포켓페어를 가지고 있을 때 보드에 그 카드가 오픈되어 트리플이 되는 것.

Shark : 공격적으로 플레이하며 성적이 좋은 선수.

Shootout : 한명 남을 때까지 승부하는 것.

Short-Hand : 6명 이하 게임. 7명 이상=Long-hand.

Short Stack 보통 빅블라인드의 30~40배 이하의 금액을 의미(=small stack).

Shove : 올인(All-in)을 의미.

Showdown : 베팅을 끝내고 나서 최후의 패를 공개하여 승자를 결정하는 것.

Side Pot : 본팟을 제외한 나머지 팟 반대=main pot

Sit and Go : 토너먼트 종류 중 하나. 일정 참가자가 모두 차면 시작하여 1명이 남을 때까지 진행하는 방식(=싱글 테이블 토너먼트).

Slowplay : 좋은 카드를 가지고 상대를 데리고 가는 것.

Snap-call : 고민 없이 바로 콜하는 것.

Split : 두 사람 이상이 승자가 되어 여러 사람이 팟을 나눠가져가는 것.

Split Two Pair : 보드에 페어가 없는 상황에서 투페어를 가지고 있는 것

Squeeze : 프리플랍에 한명이 오픈 레이즈를 하고 그 뒤로 한 명 이상이 콜을 했을 때 후 자신이 뒷자리에서 다시 한 번 크게 리레이즈 하는 것 얼리포지션에서 루즈한 플레이어가 레이즈를 하고 다른 플레이어가 콜을 한 경우 빅 레이즈를 하여 팟을 스틸하는 전략.

Stack : 자신이 가지고 있는 돈.

Stakes : 베팅.

Steal : 프리플랍에서 큰 베팅으로 블라인드를 공짜로 챙기려는 것(=ante steal)

Straddle : 프리플랍에서 언더더건이 빅블의 2배 금액을 미리 베팅하는 것

String Bet : 원 모션(One Motion). 베팅 액션은 한번 밖에 못한다는 의미. 미리 금액을 얘기 하지 않았을 경우엔 베팅라인을 넘어 한번 칩을 놓게 되면 그 이상 다시 추가하지 못한다. 단, 상대의 베팅이나 레이즈에 콜을 할 경우에는 베팅라인을 넘었어도 손에 든 칩이 모자라면 추가해서 돈을 더 넣을 수 있다.

이때 손에 든 칩이 모자라도 베팅 라인을 넘으면 일단 그 칩은 무조건 판에 넣어야 한다. 순간적으로 생각이 바뀌어도 베팅라인을 넘는 순간 죽을 수 없다는 의미.

하지만 베팅라인을 넘기 전에 미리 베팅이나 레이즈 금액을 말했을 경우에는 스트링벳은 전혀 해당 사항 없다.

Strong Hand : 아주 강한 패.

Suited : 핸드 카드 2장이 같은 무늬인 경우.

Suited Connector : 핸드 카드 2장이 같은 무늬 2장 + 연속 이어지는 카드인 경우.

T

Table stakes : 핸드가 진행되는 도중에는 칩을 더 살 수 없는 룰.

Tells : 플레이어가 취하는 액션, 또는 핸드의 강하거나 약함에 대한 정보나 힌트.

Thin : 아웃의 숫자가 적을 경우(=drawing thin).

Tilt : 열받음. 뚜껑.

Tight Passive : 수비적인 플레이. 반대=aggressive

Toke : 팟을 이긴 플레이어가 딜러에게 주는 일종의 팁.

Top Pair : 보드에 오픈된 카드 중 가장 높은 카드와 페어가 된 것

Trap : 상대로부터 액션을 유도하는 것 슬로우플레이의 의미.

Trips : 트리플. 셋과의 차이=3 5 5 플랍에서 A5는 트립스라고 표현하고, 셋이라고 하지 않는다. 셋은 파켓 페어에서 트리플을 맞췄을 때를 의미.

Turn : 커뮤니티 카드 중 4번째 펴는 카드.

U

Underdog : 수학적으로 팟을 이길 확률이 적은 플레이어나 핸드(=Dog).

Up Swing : 몇 일간 플레이가 잘 풀려서 계속 해서 수익이 나는 기간. 반대=down swing

UTG : Under The Gun. 빅블라인드의 다음위치.

V

Value Bet : 상대의 콜을 받기 적당한 금액의 베팅.

Variance : 자본금이 오르락내리락 하는 정도를 의미.

W

Weak Tight : 수비적 플레이. 타이트 패시브.

Wet : 드로우가 많은 보드를 의미. (=드로위 보드, 드로우헤비 보드). 반대=dry

Wheel : A-2-3-4-5. (=Baby Straight. Bicycle)

Wired Pair : pocket pair.

ect

3-Bet, 4-Bet : 보통 bet->raise->reraise 일때 reraise한 것을 3bet이라 하고 여기서 한 번 더 raise하면 4bet->5bet 이런 식으로 된다..

홀덤 기본 확률

AA VS AK	약 9:1
AA VS KQ	약 6.5:1
AA VS KK	약 4:1
KK VS AK	약 7:3
QQ VS AK	약 5.5:4.5
AK VS AQ	약 3:1
AK VS 98	약 2:1
AK VS 22	약 5:5
A6 VS K7	약 6:4

AA가 들어올 확률	약 0.45% (=1/221)
포켓 페어 들어올 확률	약 6% (=1/17)
핸드카드에 A가 한 장 이상 들어올 확률	약 15% (=1/7)
포켓 페어로 플럽에서 셋이 될 확률	약 12% (=1/8)
포켓 페어로 턴에서 셋이 될 확률	약 4% (=1/25)

플럽 셋이 리버까지 풀하우스 이상 만들 확률	약 33% (=1/3)
플럽 투페어가 리버까지 풀하우스 이상 만들 확률	약 17% (=1/6)
플럽 포플이 리버까지 플러시를 만들 확률	약 35% (=1/3)
플럽 양방이 리버까지 스트레이트를 만들 확률	약 32% (=1/3)

플럽에서 스플릿 투페어가 될 확률	약 2% (=1/50)
플럽에서 플러시가 될 확률	약 1% (=1/119)
플럽에서 플러시 드로우가 될 확률	약 11% (=1/9)
수딧이 리버까지 플러쉬가 될 확률	약 6% (=1/16)
백도어 플러시가 될 확률	약 4% (=1/25)

AK가 플럽에서 페어가 될 확률	약 32% (=1/3)

KK가 플럽에서 K없이 A가 오픈될 될 확률	약 23% (=1/4)
QQ가 플럽에서 Q없이 A또는 K가 오픈될 될 확률	약 43% (=1/2)

<플럽에서>

탑페어 대 포플	약 65:35로 탑페어 유리
탑페어 대 포플	약 55:45로 탑페어 유리--1오버카드
탑페어 대 포플	약 45:55로 포플 유리--2오버카드

탑페어 대 양방	약 65:35로 탑페어 유리
탑페어 대 세컨페어	약 8:2로 탑페어 유리(바텀페어 동일)
탑페어 대 낮은 포켓페어	약 9:1로 탑페어 유리
탑페어 대 오버페어	약 2:8로 탑페어 불리
셋 대 스트레이트 메이드	약 35대65로 스트레이트 유리
셋 대 플러시 메이드	약 35대65로 플러시 유리
셋 대 양방	약 75대25로 셋 유리
셋 대 포플	약 75대25로 셋 유리
오버페어 대 양방	약 65대35로 오버페어 유리

오버페어 대 포플	약 65대35로 오버페어 유리--탑페어 대 포플의 경우와 거의 비슷
오버페어 대 포플	약 55대45로 오버페어 유리--1오버카드
오버페어 대 포플	약 45대55로 오버페어 불리--2오버카드

탑페어+키커 싸움	좋은 키커--약 7:1로 유리

핸드 카드 랭킹

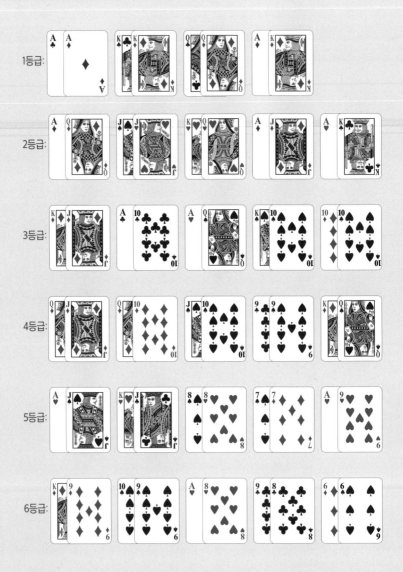

1등급:

2등급:

3등급:

4등급:

5등급:

6등급:

이후 A-2~7(S), 8-7(S-이하 슈티드 커넥터), 10-J~A(O), Q-J(O), 2~5페어 등도 거의 6등급 수준으로 평가하고 있으며, 보통 이정도 핸드가 프리플럽에서 아주 험악한 분위기가 아닌 한 승부할 수 있다고 생각하면 된다.

　위의 핸드 카드 랭킹은 기본적으로 토너먼트냐, 캐시게임이냐, 몇 명의 게임이냐 등에 따라 약간의 가치와 위력차이 있고, 장소와 사람에 따라서도 의견차이가 나타나므로 참고하기 바란다.